하나님이 귀하게 쓰실 사람

_____ 님께 드립니다.

하나님이 쓰신 사람

곽성규 지음

도서출판

소락원

Prologue 프롤로그

하나님은 과연 어떤 사람을 쓰시는가?

기독교 기반 종합일간지의 미션팀장으로 일하며, 수많은 하나님이 쓰신 사람들을 인터뷰하면서 제 머릿속에는 '하나님은 과연 어떤 사람을 쓰시는가' 하는 질문이 자주 떠올랐습니다.

이에 대한 답을 찾기 위해서는 먼저 성경에서 하나님이 쓰신 인물들의 행적을 자세하게 살펴보면 될 것입니다. 겸손·순종·충성 등 여러 공통점이 그들에게 발견될 것이며, 처음에 실패했지만 인생 후반기에 쓰임 받은 모세, 처음에 쓰임 받다가 나중에 버림받은 사울, 중간에 범죄 했지만 다시 회복해 하나님의 부르심을 끝까지 성취한 다윗 등 다양한 유형들의 인물들을 통해 배울 수 있는 교훈들이 많을 것입니다.

하지만 성경은 BC 1450년부터 AD 100년까지 거의 1500년에 걸쳐 쓰인 책이고 완료된 시점에서 현대 사회와는 1900년 이상이 지났기 때문에, 성경에서 핵심 원리는 찾아오더라도 다양하고 수많은 직업이 존재하는 현대 사회인들에게 적용이 쉽지 않을 수도 있습니다. 20대 초반부터 크리스천으로서 신앙생활을 해 온 필자의 고민도 바로 이것이었습니다.

그렇다면 차선책으로, 하나님이 어떤 사람을 쓰시는지 알기 위해 우리와 같은 시대에 같은 나라에서 하나님이 어떤 사람들을 쓰셨는지를 살펴본다면 도움이 될 것입니다. 특히 한 사람의 전 생애가 아니라 하나님이 특별히 강력하게 쓰신 시기, 사건 등에 초점을 맞춰서 분석해본다면 현대 사회를 살아가는 크리스천들에게 실질적으로 하나님이 어떤 원리로 한 사람의 삶에 역사하시는지를 통찰하는데 도움이 될 것이란 생각으로 이 책을 집필했습니다.

그래서 이 책은 이론서가 아니라 '실전 사례집'입니다. 다양한 각 분야에서 하나님이 쓰신 사람들의 하나님이 쓰신 시기를 중심으로, 그들의 입을 통해 직접 전해지는 생생한 간증들을 통해 독자들이 각자의 상황에 적용될 수 있는 원리와 교훈을 발견하고, 그것을 실제로 적용해 각분야에서 독자들 또한 하나님께 영광을 돌리고 승리하는 삶을 살게 되는 것이 바로 이 책의 궁극적 목적입니다.

또한, 이 책은 하나님을 믿는 독자들뿐 아니라, 믿지 않는 독자들에게도 흥미로운 책이 될 것입니다. 각 분야 최고의 전문가들에게 역사하시고 그들과 함께한 하나님의 구체적이고 실제적인 일하심을 하나 하나 읽어 나감을 통해 불신자 독자들도 하나님이 진짜 살아계심을 깨닫게 되는 전도용 책이기도 합니다.

'아덴만의 영웅' 조영주 제독님과 '악법의 방패' 이혜훈 의원님, '고난 극복의 전도자' 정덕환 장로님과 '성경의 외교관' 이양구 대사님, '청년 기업가 멘토' 전화성 대표님과 '기독 보수주의 다윗' 김은구 대표님, '야구 선교사' 권혁돈 감독님과 '대한민국 요셉 총리' 황교안 장로님, '성경적 국제정치학자' 이춘근 박사님과 '차별금지법의 잔 다르크' 김지연 약사님, '기도의 용사' 이용희 교수님과 '열혈청년 전도왕' 최병호 선생님까지…. 독자들은 이 시대에 하나님께 쓰임 받은 사람들의 생생한 이야기를 직접 체험하며, 자신에게 필요한 영적인 원리를 발견하게 될 것입니다. 믿지 않는 독자들도 하나님의 살아계심을 인정하게 될 것입니다.

특별히 각 인물편 마지막에 3가지로 요약한 [홀리 인사이트(Holy Insight)]는 필자가 각 사람의 인터뷰 내용을 직접 정리하면서 뽑아낸 하나님이 그들을 쓰시게 된 결정적인 결단이나 이유, 승리하게 된 주된 전략 등 인터뷰 전체 내용을 꿰뚫는 핵심 원리입니다. 나름대로 하나님께 지혜를 구하고 통찰력을 발휘해 정리했으나, 필자도 사람이기에 개인의 주관이 들어가 있을 수 있고 모든 사람에게 적용되는 절대적인 내용이 아닐 수 있음을 미리 밝혀 둡니다. 세상에 오류가 없는 것은 오직 성경 말씀뿐입니다.

끝으로 이 책을 구상하고 기획하신 것도, 제목을 주시고 책을 쓰는 동안 모든 능력과 지혜를 주신 것도 오직 나의 주 하나님이심을 고백합니다. 기자로 일하며 여러 하나님의 사람들을 만나게 하신 것도, 그들의 인터뷰 기사를 쓰게 하시고 그것을 다시 책에 들어갈 만한 장편의 내용으로 정리하게 하신 것도, 이후 좋은 사람들을 통해 출판 제의와 출판의 전 과정을 인도해 주신 것도, 모든 과정에서 함께해 주신 하나님이셨습니다. 결국 〈하나님이 쓰신 사람〉은 '하나님이 쓰신 책'입니다.

그러므로 이 책에 대한 모든 찬사와 영광은 우리를 위해 자기 아들까지 내어주신 사랑의 구원자, 오직 하나님께만 돌립니다.

(욥1:21) "내가 모태에서 알몸으로 나왔사온즉
또한 알몸이 그리로 돌아가올지라
주신 이도 여호와시요 거두신 이도 여호와시오니
여호와의 이름이 찬송을 받으실지니이다"

Contents 목차

- 1963년생
- 해군 예비역 준장
- 군산고등학교 졸업(1982)
- 해군사관학교 졸업(1986)
- 중위 시절 미 해군 전탐&대잠장교 과정 유학(1989)
- 해군교육사 해상전 고등군사반(1993)
- 국방대학원 군사전략학 석사(1995, MA)
- 해군대학 정규과정(1998)
- 영국 킹스톤 어펀 헐 대학교 국제정치학 박사(2003, Ph.D)
- 서울대학교 미래 안보전략기술 최고위과정(2015) 수료
- 함정 병과 장교(고속정·초계함·호위함·군수지원함·구축함)
- 해군 작전사령부·해군본부·합동참모본부 지휘관·참모 역임
- 청와대 국가위기관리센터 해·육상 주요 참모 역임
- 2011년 최영함(DDH-981) 함장 겸 청해부대장 역임
- 아덴만 여명작전, 리비아 우리 국민 구출 작전, 한진텐진호 구출 작전 등 성공적 수행
- 2013년 해군 준장 진급
- 해군 제1함대사령부 부사령관, 교육사 부사령관 역임
- 미5함대사령부/ 연합해군 사령부 대(對) 해적 연합기동부대(CTF-151) 사령관 역임
- 해군전력분석시험평가단장, 한미연합사 겸 유엔사령부 인사참모부장 역임
- 2018년 전역
- 충무무공훈장, 미국 대통령 공로 훈장, 대통령부대 표창 수상
- 전역 후 현재 충남대 국가안보융합학부 초빙교수로 후학 양성

조영주 제독

함장실을 기도실로 만든
'아덴만 여명작전' 영웅

"홀로 함장실에서 고뇌하는 동안 지난 3주가 까마득히 멀게 느껴졌습니다. 그렇지만 당장 모든 어려움을 극복하고 우리 선원을 안전하게 구출해내야 했기에 다시 마음을 추슬렀지요. 감당하기 어려운 압박감 속에서 내가 의지할 곳이라고는 전능하신 하나님뿐이었습니다. 지금까지의 삶이 오직 하나님의 은혜와 도우심이었기에 직면하고 있는 어려움도 끝내 극복하고 승리하게 되리라고 믿었어요."

조영주 제독은 자신이 최영함함장 겸 청해부대장으로 직접 현장을 지휘했던 지난 2011년 '아덴만 여명작전'의 1차 구출 작전 중단 후의 심경을 이같이 말했다. 아덴만 여명작전은 지난 2011년 1월 15일 소말리아 해적에게 피랍된 대한민국 화물선 삼호주얼리호 사건에 대처하기 위해 대한민국 주도 아래 진행된 다국적 해군의 연합작전이다. 피랍 3일 후인 1월 18일 1차 구출 작전에서 우리 해군은 링스 헬기와 고속단정 2척을 진입시켰고 링스헬기의 중기관총으로 위협 사격해 해적선을

조영주 제독

무력화시켰다. 이에 해적들이 백기를 들어 투항 의사를 표시했고 검문 검색팀이 고속단정으로 접근했다. 하지만 이때 해적들이 갑자기 사격을 가해 3명의 우리 군 부상자가 발생했고, 이로 인해 1차 작전은 결국 성공하지 못했다.

이후 피랍 6일 만인 2011년 1월 21일 진행된 2차 작전에서 마침내 청해부대 소속 UDT/SEAL 팀의 급습으로 해적 8명 사살, 5명 생포와 동시에 인질 21명 전원을 구출해 내게 된다. 이로써 우리 군이 해외에서 수행한 최초의 인질구출 작전인 아덴만 여명작전은 성공으로 마무리됐다. 당시 한국인 선원 8명을 비롯해 미얀마인 11명, 인도네시아인 2명 총 21명의 선원 모두를 구출해내 '기적의 작전'으로 불린다.

결과적으로는 엄청난 쾌거를 거둔 성공한 작전이었지만, 그 과정에서 현장지휘관인 조 제독의 심경은 몇 번이나 무너져 내렸다. 부하들 앞에서는 지휘관으로서 강한 모습을 보였지만, 당시 그의 기도실인 함장실에 혼자 들어와서는 늘 하나님께 눈물로 무릎 꿇을 수밖에 없었다. 특히 1월 18일 1차 적전 후 우리 측 특수부대원 3명이 총상을 입고 작전을 중지하고 최영함으로 복귀했을 때 조 제독은 착잡한 마음을 금할 수 없었다.

"'낙심하지 말고 문제를 풀기 위해 무엇을 어떻게 해야 할지 차근차근 질문하여 답을 찾아 나가자'고 스스로 나 자신을 격려했어요. 평소 신조인 '근심, 걱정, 염려는 하나님께 다 내려놓고 이를 기도로 바꿔라'를 기억하며 함장 책상 앞에서 무릎을 꿇고 하나님께 한참 동안 기도했어요. 그리고 기도 후에 늘 하던 대로 지혜를 얻고자 컴퓨터 영어 성경을 들으려고 함장 책상에 털썩 주저앉았죠."

온몸이 천근 같고 극한 상황의 연속으로 며칠 동안 거의 잠을 자지 못한 그에게 극도의 피곤함이 몰려왔다. 힘겹게 헤드폰을 귀에 착용하고 미디어플레이어의 표시가 시편 40편임을 확인하고, 시작 버튼을 누르고 조용히 눈을 감은 그는 신비한 체험을 하게 된다.

"눈을 감고 영어 성경을 듣기 시작하는 순간 내 옆을 스치며 지나가는 바람 같은 것이 느껴졌어요. 그리고 분명히 눈으로 확인했는데, 귀에서 들리는 소리는 시편 40편이 아닌 시편 27편이었습니다. 소름이 끼치며 무슨 일이 있나 좌우를 둘러보았지만, 아무것도 없었습니다. 'The LORD is my light and my salvation--whom shall I fear? The LORD is the stronghold of my life--of whom shall I be afraid?...(중략)... Wait for the LORD; be strong and take heart and wait for the LORD(여호와는 나의 빛이요 나의 구원이시니 내가 누구를 두려워하리요 여호와는 내 생명의 능력이시니 내가 누구를 무서워하리요......너는 여호와를 바랄지어다 강하고 담대하며 여호와를 바랄지어다)."

귀에 울려 퍼지는 성경 말씀에 그의 온몸에 전기가 통하듯 전율이 느껴졌다. 지친 몸이 새털처럼 가벼워지며 가슴 저 깊은 곳에서 주체할 수 없는 기쁨과 독수리 날개 치듯이 강력한 새 힘이 샘물처럼 용솟음쳤다. 그리고 그의 마음속에 하나님의 음성이 들려왔다.

조영주 제독

2011년 1월 12일 삼호주얼리호 피랍 3일전 아덴만 해상에서 미국 주도 연합해군대 해적기동부대사령관(CCTF-151)과 참모진을 최영함에 초청해 작전협조 회의 후 기념촬영을 한 모습. 조 제독은 아덴만 여명작전 전 평시에도 철저한 훈련으로 대비했었다.

"영주야, 네가 위험을 무릅쓰도록 해라. 내가 너와 함께할 것이다."

무겁기만 했던 그의 마음이 평안과 기쁨과 확신으로 충만해졌다. 그때 그에게 조금의 의심도 없이 '우리 최영함을 제2차 구출 작전에서 21세기 아덴만의 거북선으로 재탄생시키겠다'라는 결심이 섰다.

조 제독은 곧바로 최영함을 제2차 구출 작전에 투입하는 작전 구상을 실천에 옮겼다. 청해부대 작전팀에 지시해 함장실 위층에 마련된 보안회의실로 작전참모를 비롯한 UDT공격팀장, 항공대장 등 핵심 참모진을 소집했다. 그리고 청해부대장으로서 고뇌와 고심 끝에 결론에 도달

한 '제2차 구출 작전에 관한 현장지휘관 직전 지침'을 하달했다.

"여러분이 잘 알다시피 제1차 구출 작전 경험에 비추어 볼 때 링스 헬기와 UDT만 투입하는 협동작전으로는 삼호주얼리호에 안전하게 등반하는 것이 사실상 곤란하다. 따라서 이번 제2차 구출 작전에서는 최영함을 작전에 투입한다. 최영함은 21세기 아덴만의 해적을 제압하고 세계 최강 우리 UDT 대원들이 안전하게 등반할 수 있도록 무형의 보호막(Shield)을 만들어 줄 것이다. 안전이 확보되었다고 판단되어 내가 지시하면 UDT 대원들은 등반하여 해적을 완전히 제압하고 선원들을 구출한다."

조 제독이 말이 끝나자 모든 참가자의 얼굴에 화색이 돌았다. UDT 공격팀장도 "전대장님, 이런 작전 계획이라면 해적을 제압할 자신이 있습니다"라고 기쁘게 대답했다.

조 제독은 작전참모에게 작전 지침에 따라 세부 작전 계획을 발전시켜 결재를 득한 후 해군 작전사령부에 보고하도록 명했다. 마침내 승리를 향한 큰 그림이 그려졌다. 부하들도 자신감을 회복했다. 아덴만 작전의 성공 배후에는 이렇게 하나님이 조 제독을 회복시키고 그를 통해 하나님의 전략이 실행되도록 하신, '그의 일하심'이 있었던 것이다.

드디어 운명의 시간, 이제 모든 것은 하나님께 달려 있었다. 조 제독은 국가의 위상과 우리 군의 운명이 걸린 결전을 앞두고 그저 무릎 꿇고 하나님께 기도할 수밖에 없었다. 2010년 1월 21일 새벽, 조 제독은 작전 지침 하달과 작전 준비상태를 점검하던 중간에, 정확히 3번 작전지휘

소를 빠져 나와 함장실에 들어갔다. 아마도 대원 중 일부는 함장이 긴장해서 화장실을 자주 간다고 생각했을 것이다. 그러나 조 제독은 작전개시 전 최소한 3번 두 손 들고 전심으로 하나님께 도움을 구하겠다고 생각하고 기도를 했다. 아니 통곡하고 절규하며 하나님께 부르짖었다.

"일을 행하시는 여호와, 그것을 만들며 성취하시는 여호와, 그의 이름을 여호와라 하는 이가 이와 같이 이르시도다. 너는 내게 부르짖으라. 내가 네게 응답하겠고 네가 알지 못하는 크고 은밀한 일을 네게 보이리라(예레미야 33편 2~3절). 아멘."

"좋으신 하나님께서는 작전현장에 세밀하게 개입하여 주시고, 간절한 기도에 응답해 주셨습니다. 작전현장의 위험한 모든 것을 막아주셨을 뿐만 아니라 국내적으로도 국가지도자들에게 흔들리지 않고 작전집행을 결심하게 하시며, 성공적인 작전 수행을 위한 언론 엠바고를 보장해 주셨어요. 모든 국민이 작전 성공을 염원하며 청해부대 6진과 똑같은 마음으로 승리를 위해 기도해 주셨습니다."

그리하여 마침내 '아덴만 여명작전'의 전설이 탄생할 수 있었다. 작전의 성공은 살아계신 하나님, 역전의 하나님께서 보여주신 살아있는 증거가 됐다.

"지금도 아덴만 여명작전 직후 우리 부대원들이 나에게 들려주던 말이 귓가에 생생합니다. '함장님, 정말 하나님이 도와주시네요!' 아덴만 여명작전의 위대한 승리의 모든 영광을 살아계시고 모든 찬송과 영광을 받으시기에 합당하신 오직 한 분 하나님께 모두 돌려드립니다. '여호와 닛시'(여호와는 나의 승리)의 하나님을 찬송합니다."

아덴만 작전 이후 조 제독은 2013년 해군 준장으로 진급해 해군 제 1함대사령부 부사령관, 교육사 부사령관, 미5함대사령부/연합해군 사령부 대 해적 연합기동부대 사령관 등의 직책을 거쳤고, 2018년 한미연합사 겸 유엔사령부 인사참모부장을 끝으로 전역했다. 그는 전역과 동시에 충남대 국가안보융합학부 초빙교수로 부임해 현재까지 후학을 양성 중이다.

그리고 아덴만 작전이 끝난지 11년이 지난 2022년 1월에 당시 현장의 모습을 담은 '아덴만 여명작전 현장전투 실화'란 책을 냈다. 왜 11년이 지난 현재 시점에서 그는 책을 낸 것일까.

"먼저는 총알이 빗발치는 상황에서 자신의 목숨도 아끼지 않고 국가와 국민을 위해 헌신한 청해부대 제6진 장병 300명의 공로를 선양하고, 사랑하는 제자와 후배들이 자신과 유사한 상황에 직면할 수 있어 더 이상 기억이 흐려지기 전에 자그만 전투 경험이라도 들려주어 그들에게 조그만 도움이라도 되고자 하는 생각에 책을 쓰게 됐습니다."

다음은 조 제독과 기자의 일문일답.

- 아덴만 작전 같은 급박한 상황에서도 항상 기도한다는 것이 사실 쉽지 않은 일인데, 기도는 인생의 습관이었나요.

"인생의 어려운 상황에서 오직 의지할 수 있는 분은 언제나 하나님뿐이었습니다. 그래서 늘 기도로 살아왔어요. 고등학교 때 친구의 간곡한

조영주 제독

조영주 제독은 기자와의 인터뷰에서 "인생의 어려운 상황에서
오직 의지할 수 있는 분은 하나님 뿐이었다"고 강조했다.

권유로 처음 교회를 출석하게 됐는데, 저는 친아버지를 일찍 여의었기
때문에 아버지에 대한 갈급함이 많았습니다. 그런데 진짜 하나님 아버
지가 계시더라구요. 사관학교 들어가서 어려운 상황에서도 항상 '하나
님 아버지 도와주세요.' 했는데 정말 도와주셨습니다. 너무 잘 도와주
셔서 퍼펙트하게 사관학교 생활을 하고 나왔습니다."

－ 아덴만 작전 때도 결정적인 순간에 성경 말씀을 통해 위기를 극복할 수
있었는데, 원래 성경을 많이 읽는 편이신가요.

"하나님께서 중위 때 미국으로 군사유학을 보내주셨는데, 사실 그때서야 성경을 처음 일독을 했습니다. 영한성경을 선물 받고 읽기 시작해서 6개월 만에 일독을 했어요. 일독하는 중 하나님께서 저에게 주시는 레마의 말씀을 체험하게 해 주셨습니다. 구약과 신약에서 각각 하나씩으로 잠언 3장 5절로 6절 말씀과 디모데후서 2장 20절로 21절 말씀이 성경에서 빠져 나와 저에게 날아오면서 전기가 통하는 체험을 했습니다. 하지만 그런 말씀의 체험을 했음에도 '믿음과 진급 중 어떤 걸 택할래'라고 스스로에게 물으면 확신이 없었습니다."

- 그럼 이후에 다시 하나님을 인격적으로 만난 순간이 있었습니까.

"고참 대위와 소령 진급 시기 국방대학교에서 94~95년 새벽기도 시간 때 국방대학원 교회 담임목사님이 새벽기도 체크를 하셔서 열심히 매일 참석해 기도했습니다. 그러다가 95년 부활절에 뜨겁게 기도하는데, 예수님이 진짜 찾아와 주셨습니다. 그때 개인적으로 예수님을 만났습니다. 예수님이 오셔서 '영주야 내가 세상이 아니라 조영주 너를 위해 십자가에서 피 흘려 죽었단다'라고 하셨습니다. 너무 감동이었습니다.

내 인생을 파노라마처럼 보여주시며 회개하게 하셨습니다. 예수님을 개인적 구주로 만나고 나니 지금 죽어도, 진급이 안 되어도 괜찮다는 믿음의 담대함이 생기더군요. 그래서 소령 때 미력하나마 해군 발전에 이바지하고자 영국으로 박사학위를 가고자 했는데 저를 사랑하는 선배님들이 진급이 어렵다며 말리는 상황이 발생했습니다. 그런데 기도할 때

조영주 제독

하나님께서 마음의 담대함을 주시고 세밀하게 인도해 주시어 유학을 결행하였습니다. 결과적으로 좋으신 하나님께서는 박사학위와 진급의 문제를 모두 해결해 주셨습니다. 그런 과정을 거치면서 계속 기도하지 않을 수 없었습니다. 해군 내에서는 '예수쟁이'로 알려지게 됐어요.(웃음)"

- 아덴만 여명작전 성공 후 심경은 어땠습니까. 하나님께 감사하는 마음이 컸을 것 같은데요.

"당시 한 명의 전사자도 없이 작전이 성공하게 된 것은 사람이 할 수 없는 것이었습니다. 하나님께서 현장에서 도우시고 세밀하게 역사하신 결과였어요. 작전 성공 후 저는 마치 지옥에서 천국으로 빠져나온 기분이었습니다. 승전의 기쁨이나 환호는 전혀 없었습니다. 승전 후 전투현장은 고요했어요. 숭고한 기분이 들었습니다. 적막함, 고요함, 감사함, 숙연함. 내 전우들이 안전하다는 그 감사함. 그 분위기는 정말 차원이 넘는 것이었습니다. 그만큼 군대의 사명은 큰 것입니다. 죽을 줄 알면서도 가야 하는 것이 군인들의 숭고한 사명입니다. 그리고 하나님이 마음이 많이 묵상되었어요. 인간인 나도 부하들이 한 명이라도 다치고 잘못될까 봐 안타까움이 크고 마음이 아픈데, 하나님은 어떠실까. 하나님의 마음이 조금은 느껴지는 것 같았어요."

- 신앙생활이 제독님 뿐 아니라 당시 최영함 다른 부대원들에게도 영향을 미쳤습니까.

"그렇습니다. 신앙은 '무형의 전투력'을 극대화 해 주는 역할을 하거든요. 군인으로서 진정한 용기는 위기, 즉 생사를 넘나드는 전투현장에서 발휘됩니다. 연합사령부에서 근무할 때 미군 장병들이 이라크와 아프가니스탄에서 체험한 생생한 전투 경험을 미 군종장교를 통해 들은 적이 있는데요. 영화 〈람보〉처럼 강건하고 몸이 튼튼한 사람이라도 포탄이 쏟아지는 전투현장에 투입되면 죽음에 대한 두려움과 공포로 공황이 발생해 아무 역할도 하지 못하는 사례가 종종 발생한다고 합니다. 그래서 미군은 장병들의 죽음에 대한 공포 해소와 전투 의지 고양을 위해 반드시 군종장교를 전투현장에 투입한다고 해요.

비슷한 사례를 우리 군의 6·25 전쟁과 월남파병 전투 경험이 있는 참전 용사들에게도 확인할 수 있습니다. 한국인의 삶의 터전인 한반도와 낯설고 생소한 베트남, 생사를 넘나드는 전투현장에서 죽음도 두려워하지 않고 용감하게 싸우는 자들은 대부분 투철한 국가관에 기초한 애국심과 더불어 신앙이 투철한 장병들이었다고 합니다.

청해부대 제6진도 아덴만 여명작전에서 비슷한 경험을 했습니다. 실제 삼호주얼리호 제1차 구출 작전이 실패하고 3명의 정예 UDT 대원이 부상을 당하자 부대 전반의 사기, 전투 수행에 대한 공포 해소와 전의를 고양하기 위한 지휘관의 특별한 관심과 많은 활동이 요구됐는데요. 당시 삼호주얼리호 구출 작전에만 전념해도 감당하기가 벅찬 상황에서 장병들의 정신전력 강화 등 전투 의지 고취에도 많은 지휘 관심을 기울여야 했기에 지휘 부담이 한층 고조됐습니다. 저는 이전부터 현장 전투

조영주 제독

지휘관으로서 실전 수행, 특히 해외 군사 작전에서 지휘관을 보좌할 군종장교의 필요성을 절감했는데요, 만약 아덴만 여명작전 당시 군종장교가 청해부대에 편승해 신앙을 바탕으로 장병들의 전투 공포를 해소하고 전의를 고양해주었다면 훨씬 더 효과적인 작전 수행이 가능했으리라 확신합니다.

다행히 저는 이런 상황을 예측하고 청해부대의 군종장교 공백을 막기 위해 임무 개시 이전부터 신앙 활동을 통한 장병들의 전투 의지 고양을 위해 대책을 마련했습니다. 우선 신앙 종파별 책임자를 지정해 임무 중에도 불교, 천주교, 기독교 신자들의 신앙생활을 통한 신앙 전략화가 이뤄지도록 사전 준비를 철저히 했어요. 임무 중에 우리 군 규정에 따라 종교활동을 정규 과업으로 반영해 빠짐없이 시행하도록 엄격히 관리했으며, 각 종파를 이끌어가는 리더와 지휘관의 만남을 통해 우리나라 호국불교와 호국천주교, 호국기독교의 자랑스러운 전통을 이어가 달라고 당부했습니다.

청해부대 제6진 각 종파의 책임자들은 지휘관의 지휘 의도를 잘 이해하고 적극적으로 종파별 종교활동을 내실 있게 시행해줬어요. 더 나아가 각 종파는 부대 장병에 대한 다양한 섬김과 봉사활동을 통해 부대의 화합과 사기진작에도 크게 이바지했습니다. 평소 철저히 시행된 종교활동은 생사를 넘나드는 전투상황에서 큰 빛을 발했습니다. 예기치 않은 제1차 구출 작전에서 전우 3명이 부상한 상황에 직면해서도 청해부대 장병은 투철한 애국심과 신앙에 기초해 군인의 본질 위에 굳게 설

수 있었습니다. 오히려 해적에 대한 전투 의지를 고양함과 동시에 지휘관을 중심으로 더욱 일치단결해 위기상황을 전화위복의 기회로 승화할 수 있었습니다.

저는 아덴만 여명작전을 체험하며 부대 총원이 실제 전투에서 승리하려면 장병들의 신앙을 장려함으로써 무형의 전투력인 정신전력을 한층 강화해야 함을 깊이 깨달았습니다. 이와 관련해 현재 우리 군이 전시에 대비해 군종 분야의 발전에 심혈을 기울이고 있으나 미군의 사례와 실전 경험에 비추어 볼 때 유사시 전쟁에 대비하기에는 미흡하다고 판단됩니다. 따라서 좀 더 전투현장에 초점을 둔 군종 분야 개선방안이 마련됐으면 하는 마음입니다. 전쟁에서의 승리는 유형의 전투력도 중요하지만, 전쟁을 수행하는 주체로서 장병의 정신전력, 즉 무형의 전투력을 강화하지 않는 한 사상누각에 불과하기 때문입니다. 이런 사실은 무수한 전쟁사례가 입증해 주고 있어요."

- 2022년 1월에 '아덴만 여명작전 현장전투실화'란 회고록도 내셨는데요.

"아덴만 여명작전 회고록은 '사랑의 이야기'에요. 먼저는 자랑스러운 대한민국의 아들과 딸 300명이 국가의 위기 상황을 맞아 최후 보루로써 자신을 희생하며 어떻게 국가와 국민을 사랑했는지를 들려주는 애국애족의 사랑 이야기입니다. 또 국가적 위기 상황에서 감당하기 힘든 명령을 국가로부터 받아 위기를 기회로 전환하고자 청해부대 장병 300명 총원이 전우애로 똘똘 뭉쳐 끝내 기적을 만들어낸, 전투현장에서 가

조영주 제독

습 벅찬 전우들의 사랑 이야기입니다. 실제 전투를 경험하지 못한 사람들은 전우라는 의미가 가슴에 크게 와 닿지 않을 수 있어요. 그러나 생명이 위태로운 전투상황을 경험하면 정말 세상에서 가장 아름다운 단어가 '전우'라는 사실을 깨닫게 됩니다.

전투현장에서 전우는 서로에게 가장 큰 힘이요, 위로요, 나의 생명을 지켜주는 방패와 같습니다. 생사를 넘나드는 긴박한 상황에서 극도의 긴장감과 주체하기 어려운 거친 숨소리를 잠잠하게 만드는, 굳이 말하지 않아도 알 수 있는 전우의 따뜻한 눈빛과 나의 등을 통해 느껴지는 전우의 따뜻한 체온, 포근한 손길을 한 번이라도 체험한 장병이라면 전우애라는 말에 가슴 뭉클한 감동이 밀려올 것이에요. 우리 청해부대 300명은 이런 사랑을 실제로 나눴습니다. 그래서 작전이 끝난지 11년이 지났지만 그 사랑이 식지 않고, 장소와 시간을 초월해 서로의 가슴에 그 사랑이 살아 숨쉬고 있어요. 무엇보다 이 회고록은 제가 현장지휘관으로서 하나님과 만난 특별한 사랑 이야기입니다. 우리 청해부대 장병 총원은 불가능한 상황 속에서 하늘로부터 도움이 내려오는 큰 역사를 현장에서 생생히 눈으로 보며 감격했어요. 지휘관으로서 저는 정말 연약하고 부족한 자이지만 하나님의 도우심과 역사로 '기드온 300 용사'와 같은 승리의 감격을 체험할 수 있었습니다. 모든 영광을 살아 계신 하나님께 돌려드리고 싶어요."

- 아덴만 여명작전 전과 후로 제독님의 군 생활은 어떤 변화가 있었습니까.

2011년 5월 27일 아덴만 여명작전 임무수행을 성공적으로 완료한 후 부산 작전기지에 입항해 김관진 국방부장관 주관으로 환영식이 거행되는 모습. 조영주 제독은 기자와의 인터뷰에서 "아덴만 여명작전의 모든 영광을 살아 계신 하나님께 돌려드리고 싶다"고 말했다.

"아덴만 이후 욕심이 없어졌어요. 물론 성공만을 보고 작전을 한 것은 전혀 아닙니다. 그렇지만 당시 현장지휘관으로서 짊어져야 할 고뇌와 무게가 너무도 무거웠기 때문에 환난에서 건져주신 하나님이 너무 감사했어요. 정말 그 후에 욕심이 없어졌어요. 덤으로 사는 것 같은 마음이었거든요. 그리고 아덴만 여명작전을 치른 후 역류성 식도염이라는 선물도 받았습니다. 국가적 위기 상황에서 목표 달성을 위한 수단이 제한되는 가운데 오직 현장에서 이를 해결하기 위한 방법을 찾는 과정이 너무도 무겁고 힘겨웠기 때문이었던 같습니다. 정말 실전을 경험하

조영주 제독

지 못한 사람은 이해하기 어려운 상황이었습니다. 특별히 아덴만 여명 작전을 성공한 이후 큰 박수갈채를 받는데 하나도 즐겁지 않았습니다.

만약 내가 실패했다면 그 큰 박수가 동일한 수준의 비난과 질책일 수밖에 없었기 때문이지요. 전투를 수행하는 군인이 모두 승리를 위해 최선을 다하지만, 작전 성패는 예견하기 어렵다는 것이 군인의 숙명처럼 느껴졌습니다. 그리고 아덴만 여명작전 이후 10년이 지나고 제자들도 양성하다 보니까 실전 경험의 중요성에 대해 많이 생각하게 되었어요. 국가와 국민이 위태할 때 자신의 목숨까지 바쳐 헌신하는 것이 군인의 본질인데, 실전 경험이 없으면 전투 시 내 마음대로 몸이 잘 안 움직입니다. 그래서 군대는 실전 경험을 쌓아야 하고 그것이 어렵다면 실전 같은 훈련을 해야 하는 것입니다. 그런 의미에서 사랑하는 제자들과 후배들을 위해 아덴만 여명작전의 진정한 영웅들인 청해부대 제6진 300명, 자랑스러운 대한민국의 아들과 딸들의 참군인 정신과 모습을 후배들에게 들려주고 싶었습니다."

- 현재 충남대 국가안보융합학부 초빙교수로 후배들을 가르치고 계십니다. 어떤 과목들을 가르치고 있나요. 또 캠퍼스에서 학생들을 대상으로 복음 전도도 많이 하시는지 궁금합니다.

"장차 해군 장교가 될 학생들을 대상으로 군사학, 군사전략, 리더십 등 6과목을 가르치고 있습니다. 그리고 기회가 되는대로 학생들에게 신앙의 중요성을 강조하고 복음을 전파하는 가운데 성경도 선물하기도

합니다. 그런데 대학 선교가 정말 어려운 상황이라는 것을 목격하고 있습니다. 그래서 대학생들이 옷만 바꿔입고 군에서 복무하는 중 어려운 상황에 직면하여 복음을 향한 마음의 문이 열린 군 선교의 중요성을 새삼 절감하고 있습니다. 대학 선교의 새로운 길을 모색해 나가야 할 때라고 생각합니다. 특별히 해군의 경우는 함정에 군종장교가 없기에 복음 전파에 사명을 지닌 한 사람이 매우 귀합니다. 간부 또는 병사를 불문하고 사명자 한 사람으로 인해 함정에서 교회가 세워지기 때문입니다."

- 한마디로 정의한다면, 제독님에게 하나님은 어떤 분인가요. 남은 인생을 하나님을 위해 어떻게 살고 싶으십니까.

"한 마디로 하나님은 저에게 아빠 아버지이십니다. 아버지가 일찍 돌아가셔서 어렸을 때부터 마음의 공백과 안타까움이 컸었는데 하나님 아버지를 만난 이후에는 그 모든 것이 해소되었습니다. 자비롭고 신실하신 하나님과 동행한 지난 삶의 여정은 너무도 복 되고 행복했다고 고백할 수 있습니다. 이제 남은 인생 신앙의 목표는 예수님과 첫사랑의 감격을 잊거나 잃지 않고 변함없이 신실한 하나님의 자녀와 성도로서 삶을 마감하는 것입니다. 특별히 저는 우리 삶 가운데 역사하시는 살아계신 하나님을 많이 체험하였는데 혹시 이러한 저의 경험이 도움이 되는 분들이 있다면 그분들을 섬기다가 하나님 부르실 때 기쁨으로 천국에 가고 싶습니다."

조영주 제독

조영주 제독에게 배우는
홀리 인사이트(Holy Insight)

1. **삶에서 압박감이 있는 상황일수록 주님께 더 엎드리고 의지해 기도하라.**

- 목숨이 달린 상황에서 부하들 앞에서는 강한 모습을 보였지만, 조 제족은 하나님 앞에 눈물로 무릎 꿇고 기도했다.

2. **중요한 결정을 앞둔 순간일수록 말씀을 가까이하고 깊이 묵상하라.**

- 조 제독에게 결정적인 작전 아이디어가 계시된 때는 바로 그가 조용히 눈을 감고 성경 말씀을 틀어놓은 때였다.

3. **위기를 극복하고 난 이후의 인생도 더욱 감사함으로 하나님께 헌신하라.**

- 조 제독은 현장지휘관 은퇴 후 대학교에서 해군 장교 후보생들을 가르치며 신앙의 중요성과 함께 복음을 전파하는 일에 매진하며 아름다운 인생 2막을 살아가고 있다.

- 1964년생
- 대한민국 제17·18·20대 국회의원
- 서울대학교 경제학과 졸업
- 미국 UCLA 대학교 경제학 박사
- 미국 랜드연구원 연구위원
- 영국 레스터 대학교 경제학 교수 역임
- 연세대학교 경제대학원 특임교수 역임
- 유엔 정책자문위원, 경제협력개발기구(OECD) 한국 대표 역임
- 대통령비서실·국무총리실·재정경제부 등 주요 부처 자문위원 역임
- 前 한나라당 원내부대표
- 前 여의도연구소 부소장
- 前 한나라당 사무부총장
- 前 한나라당 사무총장 직무대행
- 前 새누리당 최고위원
- 前 바른정당 서울시당위원장
- 前 바른정당 최고위원
- 前 국회 국정조사특별위원회 위원
- 前 바른정당 대표
- 국회 정보위원회 위원장 역임
- 전·현직 여성 국회의원 모임 '한국여성의정' 공동대표
- 대한민국 헌정상 수상(2011)
- 21세기 한국인상 정치부문 수상(2009)
- 제5회 의정대상 국회의원부문 수상(2007)

하나님이 쓰신 사람 / 정치 분야

이혜훈 의원

악법(惡法)을 막기 위해
국회에 파송된 사명자

"경제학을 전공한 나를 왜 정치로 이끄셨는지 의문을 푸는 날이 왔어요. 어느 날 변호사 3명이 찾아와 제가 관장하고 있는 소위원회에 상정될 한 법안의 숨은 함정에 대해 설명하더라구요. 형식적으로는 특정 금융상품에 유례없이 과도한 면세 혜택을 주는 법안이었지만, 실질적으로는 극히 위험한 불법음성자금의 국내 유입을 촉진하는 법이었습니다. 조문은 간단했지만, 내용은 복잡했기에 경제통이 아닌 정치인은 그 함정을 정확하게 이해하기 어려웠던 거죠."

3선 국회의원 출신의 이혜훈 권사는 현역 의원 시절이던 지난 2009년 '수쿠크법'(이슬람 채권법)을 앞장서서 막아냈던 이야기를 이렇게 시작했다. 당시 그녀를 찾아온 변호사들은 이 법안이 통과되면 대한민국을 전 세계 불법자금과 범죄의 온상으로 만들 위험이 크다는 미국 의회와 경제협력개발기구(OECD)의 보고서 등 객관적 근거를 조목조목 제시했다. 정의가 물같이, 공법이 하수같이 흐르는 하나님의 나라를 뿌리부터 흔드는 법이라는 것을 확실히 느낀 그녀는 '국회에 파송된 소명자'로서의 사명을 감당하기로 마음먹는다.

"문제는 당시 이 법안을 청와대가 밀어붙이고 있었다는 거였어요. 청와대는 이 법안의 함정에 대한 깊은 이해 없이 법안 통과를 압박하는 상대국과의 정상외교 성과에만 열중해 있었습니다. 당시 여당 의석이 180석 가까운 국회에서 법안 통과는 불 보듯 뻔한 일이었죠. 순간 '하나님이 나에게 국회의원의 자리를 주신 것이 바로 이때를 위함이구나'하는 확신이 들었습니다. 당장 담당 장관을 찾아가 문제점에 대해 상세히 설명했더니 이해했고, 더이상 밀어붙이지 않기로 해서 첫 상정 시도는 그렇게 잘 무마시켰습니다."

그렇지만 수쿠크법 상정 시도는 여기서 멈추지 않았다. 해가 바뀌어 이혜훈 의원이 다른 자리로 옮기고 담당 장관이 바뀌자, 청와대가 다시 이 법을 밀어붙여 법안 통과의 다섯 관문 중 첫 관문을 순식간에 통과해 버렸다. 첫 관문을 통과하면 막기 어렵다는 것을 오랜 경험으로 알고 있었던 그녀는 다시 사력을 다해 이 법을 막기 위해 분연히 일어섰다.

"두 번째 관문은 26명이 표결하게 돼 있었습니다. 법안의 함정에 대해 설명하고 도움을 청했지만 2명의 우군을 얻는 데 그쳤어요. 일부 의원은 나와 의견이 달랐지만, 일부 의원은 어렵고 복잡한 내용을 듣고 싶어 하지 않거나 제대로 이해하지 못했습니다. 청와대에 반기를 들고 싶어 하지 않는 의원들도 있었어요. 몇몇 분은 '이 의원, 공천은 받아야지.

어떻게 하려고 그래'라고 하며 걱정했었습니다. '내가 사람들에게 좋게 하랴 하나님께 좋게 하랴 사람들에게 기쁨을 구하랴 내가 지금까지 사람의 기쁨을 구하였다면 그리스도의 종이 아니니라'(갈1:10) 말씀을 묵상하며 포기하지 않았어요."

그러나 표결하는 날 아침까지도 23대 3의 구도를 깨지 못하고 있었다. 다른 문제로 여야가 대치해 당일 오전 10시에 개회돼야 할 회의가 미뤄지던 상황이었다. 텅 빈 회의장에 혼자 앉아 무슨 일을 더 할 수 있을지 지혜를 달라고 기도하는 가운데 이 의원은 법안에 반대하는 목사님들 생각이 났다.

"바로 전화했더니 마침 선교회 행사로 모여 있는데 금식을 선포하고 통성으로 기도하겠다며 아말렉과의 전쟁에서 모세를 도왔던 아론과 훌의 역할을 다하겠다고 하시더라구요. 회의는 저녁 8시30분쯤 속개됐는데, 위원장은 9시까지 71개 법안을 통과시켜야 한다고 재촉했습니다. 제가 문제의 법안에 대해 반대토론을 하겠다고 고집했더니 정회를 시키고는 옆방으로 불렀어요. 옥신각신하다 뭘 들어주면 반대토론을 안하겠느냐 해서 그 법안이 상정되지 않게 해달라고 했어요. 결국은 급히 합의돼 그 법안만 빼고 일괄 타결됐습니다."

이 의원은 당시 대통령이 그날 저녁 9시 비행기로 문제의 법안 통과를 압박하는 나라를 방문하게 돼 있어 청와대가 그날 저녁 9시까지 법안을 꼭 통과시키라고 했다는 사실을 이후 언론 보도로 알게 됐다. 그런데 바로 그 법안만 빼고 통과되는 기막힌 일이 일어난 것이다. 그날

　　　　　　　　　　　　　　　　　　　　이혜훈 의원

은 국회 회기의 마지막 날이었고, 그다음 달에는 국내외 정세로 국회가 공전됐다. 문제의 법안은 결국 폐기됐다.

"정치하면서 어려움도 겪으면서, 요즘엔 '고난당한 것이 내게 유익이라…'(시 119:71) 이 말씀이 레마로 다가옵니다. 돌아보니 초선·재선 국회의원이었던 시절엔 저의 자기의가 많이 있었다는 걸 깨닫고 주님 앞에 회개하게 됐어요. 돌진하는 건 잘했는데, 내가 생각한 하나님의 뜻대로 돌진했던 것 같아요. 주님께 먼저 여쭙고, 또 그것이 주님 뜻이라고 해도 그것을 어떤 방법으로 행하기를 원하시는지까지 구하는 과정이 생략됐던 것 같습니다. 최근 주님이 저를 돌아보게 하시면서 회개의 영을 부어주셔서 기도 중에 이런 것들을 떠오르게 하시더라구요."

이혜훈 의원은 기자와의 인터뷰에서 "초선·재선 국회의원이었던 시절 자기의가 많이 있었다는 걸 깨닫고 주님 앞에 회개하게 됐다"고 말했다.

2022년 3월 4일 광화문에서 인터뷰로 만난 이혜훈 권사는 '크리스천 정치인으로서 현역 활동 중 하나님께서 어떤 점을 가장 크게 깨닫게 하셨나'란 질문에 대해 이같이 답하며 당시 받은 은혜들을 나눴다.

그녀는 "때로는 하나님의 뜻이라고 내가 그때그때 스스로 정한 것은 아닌지, 내 소견에 옳은데로 고집대로 한 부분이 있지 않았나 하는 마음이 들었다"며 "현직에 있던 시기보다 지금 시기가 저에게는 더 은혜롭다. 현역에 있을 때는 15분 단위로 스케줄을 움직이다 보니 하나님 음성을 기다리는 시간 확보 자체가 쉽지 않았다"는 솔직한 고백을 털어놨다.

이런 자신의 경험들을 바탕으로 현재 크리스천 정치인을 꿈꾸는 청년들과 현역에 있는 기독정치인 청년들에게 "어떤 사안이 하나님의 뜻이 맞고 분명하다 하더라고, 하나님은 그것을 하나님의 방법으로 하기를 원하신다는 점을 절대 잊지 않았으면 한다"란 말을 꼭 해주고 싶다고 했다. 다음은 이날 이혜훈 권사와 기자와의 일문일답이다.

- 모태신앙이시라 들었습니다. 하나님의 뜻대로 사는 것이 어떠셨나요.

"4대째 믿는 집에서 태어나 58년째 신앙생활을 하고 있습니다. 어릴 때부터 성경암송대회나 성경퀴즈대회라면 단골 1등을 했어요. 하지만 저에게 아직도 가장 어려운게 무엇이냐고 묻는다면 '하나님의 뜻을 아는 것'이라고 말하고 싶습니다. '나 외에 다른 신을 네게 두지 말라' '안식일을 기억하여 거룩하게 지키라' '네 이웃을 네 몸과 같이 사랑하라'

등등 성경이 수많은 계명들은 당연히 꿰고 있지만, A와 결혼해야 할지 B와 결혼해야 할지, 정치를 해야 할지 연구원을 계혹해야 할지 등등 어떤 시점에서 내가 내려야 할 결정들이 하나님의 뜻에 맞는 것인지 정확하게 알아내는 일은 오늘도 내게 가장 어려운 일이에요.

10대 시절에는 철이 없어 '이번 학기에는 이걸 꼭 이뤄주세요' '연말까지는 이걸 꼭 마무리해야 합니다' 등등 하나님의 뜻을 구하기보다 내 뜻을 들이밀며 내 필요를 채우기에 급급했습니다. 20대에 결혼 문제에 부닥치면서 하나님의 뜻이 무엇인지 여쭤보아야 한다는 것을 알게 됐어요. 30대에 정치를 할 것인가 말 것인가 결단을 내려야 할 기로에 섰을 때 하나님의 뜻을 분별하는 방법에 대한 나름의 깨달음을 얻어가기 시작했습니다.

지금 이 순간 내가 무엇을 하기 원하시는지, 이 법안에 찬성하기를 원하시는지 반대하기를 원하시는지, 공법이 물같이 정의가 하수같이 흐르는 하나님의 나라에 합당한 것이 이것인지 저것인지 등등 하나님의 뜻을 알기 위해 오늘도 무릎을 꿇을 수밖에 없는 것 같아요."

- 4대째 모태신앙으로 물려받은 신앙의 자산으로는 어떤 것들이 있나요.

"외증조할머니와 어머니의 독실한 신앙 덕분에 어릴 적부터 가정예배, 구역예배, 새벽예배, 철야기도 등이 생활화돼 있었습니다. 저희 집에서 늘 구역예배를 드리던 습관은 나중에 미국이나 영국에서 성경공부를 위해 우리 집을 기꺼이 개방하는 데 많은 도움이 됐습니다.

특히 이 경험은 정치를 할때도 귀한 자양분이 됐어요. 처음 정치를 시작했을 무렵 학자 출신이면서 일면식도 없는 생면부지의 사람들에게 말도 잘 걸고 스킨십이 좋다며 많은 사람들이 놀랐습니다. 어떻게 그럴 수 있느냐고 묻는 이들이 많았는데 교회에서 구역을 섬기고 평생을 성경공부나 기도모임을 키우느라 노심초사하고 새가족반 담당을 수십 년씩 해온 사람들이 아니면 아마 이해하지 못할 거에요. 우리는 새로 온 사람을 보면 엔도르핀부터 돌고 눈이 반짝반짝 빛납니다. 사실 저도 정치를 하기 전에는 정치와 교회의 구역예배에 비슷한 점이 있을 것이라고는 상상도 못했어요."

- 주일성수를 하면서도 서울대에 입학하셨지요.

"고등학교에 진학할 무렵 제가 살던 마산에도 뒤늦게 추첨제가 도입됐어요. 추첨결과 명문여고가 아닌, 제발 이 학교만은 가지 않았으면 했던 학교에 배정됐습니다. 4년제 대학에 진학한 선배들도 많지 않은, 대학 진학과는 거리가 먼 학교였어요. 하나님 말씀에 순종하면서 열심히 기도했는데 왜 들어주지 않으셨을까 원망스러운 마음이 생겼습니다.

어머니는 '먼저 그의 나라와 그의 의를 구하라. 그리하면 너희에게 이 모든 것을 너희에게 더하시리라(마6:33). 그 언약의 말씀을 주신 신실하신 하나님께서 반드시 주실 줄을 믿어라. 그러면 얻을 것이다'라고 매일 제게 말씀하셨습니다. 하지만 지방 소도시의 이름 없는 학교에 다니면서 좋은 대학에 가는 것은 아무리 생각해도 불가능해 보였습니다. 학

이혜훈 의원

교 선생님들도 별 기대를 하지 않았어요.

어느 날 철야 기도 시간에 목사님이 오병이어 기적에 대해 말씀하셨는데, 이런 생각이 들었어요. '어린아이가 예수님의 말씀에 순종해 물고기 두 마리와 보리 떡 다섯 개를 드렸을 때 역사하신 이는 예수님이셨다. 내가 할 일은 말씀에 순종하는 것이다. 역사하실지, 하지 않으실지는 예수님 몫이지 내 몫이 아니다. 나는 내 몫만 다하자.' 학교차원의 지원은 부족했지만 동급생들은 대학에 가기 위해 열심히 공부했습니다. 많은 학생들이 주일에도 학교에 나와 자율학습을 했어요. 내게도 주일날 학교에 나와서 공부하라는 압박이 점점 심해졌지만 저는 안식일을 지켰습니다. 하루종일 성가대와 학생회, 대예배, 각종 헌신예배의 반주를 하느라 주일에는 평일보다 훨씬 더 힘들었지만 기쁘게 받아들였습니다.

그러던 중 도저히 믿기 힘든 일이 일어났어요. 당시 대통령의 명령으로 과외를 전면 금지하고 본고사도 폐지한다는 발표가 난거에요. 당시는 예비고사와 본고사로 대학입시가 이원화돼 있었습니다. 예비고사는 지금의 수능처럼 전국 모든 입시생이 공통의 문제지로 보는 것이었고, 본고사는 대학마다 자체적으로 출제했는데 무척 어려워서 수학 본고사는 0점도 많았어요.

저는 당시 전문선생님의 지도도 제대로 못 받고 자습이 많았던 상황에서 본고사를 통과해 좋은 대학에 가는 것은 기대하기 힘들었습니다. 그런데 나라에서 본고사를 없애고 서울 학생들에게 유리한 과외를 아예 금지하는, 상상도 못 한 일이 일어난 것이에요. 결국 저는 주위의 부정적인 예상을 뒤집고 모교 개교 이래 최초로 서울대에 입학한 학생이 됐어요."

- 경제학과로 진학했지만 원래 수학은 잘하지 못했다고 들었습니다.

"저는 고대 유적 탐사에 관심이 많아 고고미술사학과에 진학하고 싶었지만, 학교에서 완강히 반대했어요. 법대에 대해서는 여학생이 평생 죄지은 사람만 상대하는 것은 안 된다며 부모님이 마뜩지 않아하셨습니다. 수학에 소질도 흥미도 없었지만 경제학과에 진학하는 것으로 결론이 났죠. 썩 내키지는 않았지만 학교와 부모님 모두 만족하신 걸로 위안을 삼았습니다.

대학 초년생 때는 수학이 핵심인 경제학과에 진학한 것을 후회하고 학과를 옮길까 재수를 할까 어떻게든 도망갈 궁리만 했습니다. 하지만 군인 출신인 아버지보다 더 무서운 호랑이 어머니 때문에 과도 옮기지 못하고 재수도 못했어요. 그러던 제가 경제학과를 졸업만 한 게 아니라 온통 고급수학만 쓰는 계량경제학으로 미국 UCLA대학에서 박사학위까지 받았으니 아이러니 중의 아이러니죠.(웃음) 그런데 연구소 연구원을 거쳐 정치인이 되고 지금까지 되돌아보면 하나님의 섭리 앞에 무릎을 꿇지 않을 수 없습니다.

그간 국회에서 한 일들, 그리고 지금도 정치하면서 하는 일들, 한 사회의 흐름을 꿰뚫어보고, 그 사회를 움직이는 다양한 요인들 간의 상

이혜훈 의원

미국 유학시절 남편과 함께 바닷가를 찾은 이혜훈 의원.

호작용과 그 작용들의 미래를 예측하는 고도의 전문성은 경제학이라
는 분석적 학문을 익혔기 때문에 해낼 수 있는 일들임을 절감하기 때
문입니다. 합력하여 선을 이루게 하시는 하나님의 섭리에 거듭 감사드
려요. 경제학을 공부했기 때문에 오늘날의 내가 있게 됐다고 해도 과
언이 아닙니다.

 - 미국 유학 시절에는 공부보다 전도에 더 올인하셨다구요.

"대학 졸업 후 미국에 도착하자마자 GSC(Graduate Student for
Christ)라는 성경공부 모임을 만나 성경공부와 교제는 물론 집중적인
전도훈련을 받았어요. 하지만 교재에 나오는 감성적인 접근법들을 다

시도해 보아도 굳게 닫힌 마음의 문을 열기 힘들더라구요. 곰곰 생각해 보니 한국 유학생들은 미국 본토 학생들과 상황이 다르기 때문에 접근법을 달리해야 하지 않을까 하는 생각이 들었습니다.

학과 사무실에 가서 한국인 신입생 명단을 구해 연락을 취했습니다. 공항 픽업부터 아파트 구하기, 은행계좌 만들기, 운전면허 취득과 사회보장번호 발급, 각종 가구며 생활용품 구입, 전화, 수도, 가스 신청 등 미국 정착에 필요한 온갖 일처리를 도왔어요. 직접 운전을 해서 하루 종일 따라다니며 이런저런 일들을 도우면 아무리 강심장이라도 마음의 문을 열게 되더라구요.

그러던 어느 날 교수님 한 분이 호되게 야단을 치셨습니다. 그는 일주일에 7일을 공부해야 할 박사과정 학생이 일요일은 주일이라 공부 안하고, 토요일은 '전도폭발'한다고 하루 종일, 수요일은 성경공부한다고 반나절, 금요일은 양육훈련한다고 반나절이니 이런 식이면 졸업 못한다고 몇 번 경고를 줬었습니다. 그런데 이제는 다른 학생들까지 끌어들여 공부를 못하게 하니 그냥 둘 수 없다며 저를 접촉금지 대상 즉 '블랙리스트'에 올리겠다고 했어요. 이혜훈이 공항에 픽업 나오겠다고 연락하면 거절하라고 한국 신입생들에게 공지하겠다는 것이었습니다.

하지만 하나님의 역사하심은 오묘했습니다. 그 교수님은 방해했지만, 그동안 공들인 전력이 소문이 나서 신입생들이 먼저 공항에 나와 달라고 연락해 오기 시작했어요. 이렇게 복음을 받아들여 신실한 믿음의 형제가 된 후배들을 하나님은 복음을 전한 나보다 더 충성된 일꾼

이혜훈 의원

으로 불러 주셨습니다. 나중 된 자가 먼저 되리라 하신 말씀대로 됐어요. 경제학 박사학위를 받자마자 카자흐스탄에 선교사로 파송된 오 형제, 믿음의 대학인 한동대학에서 하나님의 사역에 귀하게 쓰임 받고 있는 강 형제 등 많은 후배들이 이 시기에 하나님의 선택을 받았습니다."

- 한국개발연구원(KDI) 연구원으로 근무하실 때는 많은 연단의 과정이 있었다구요.

"처음 시작한 직장생활은 꿈꾸던 것과 거리가 멀었어요. KDI에서 경제학을 전공한 내게 주어진 일들은 사회복지제도나 지방정부 개혁안, 호남고속철도 타당성조사, 의약분업 등 이름부터 처음 들어보는 것들이었습니다. 사회복지학, 행정학, 토목학, 예방의학 등의 개론서부터 사서 날밤을 새웠습니다.

여성에 대한 편견과 차별도 심했어요. 회의 때 공식주제에 대해 이야기 하다 갑자기 나를 지목해 '이 박사는 애 보러 가야 하지 않아? 애는 역시 엄마가 키워야 해, 그래야 애들이 제대로 자라' 하면서 뜬금없는 얘기를 하곤 했을 때는 어이가 없었습니다. 마치 '있어서는 안 될 곳에 있는 여자'라는 식이었어요.

당시만 해도 직장에서 여성이 임신하면 다른 남성 직원들에게 업무가 떠넘겨진다는 식의 인식이 있어서 여성들은 임신 사실을 공개하기 어려웠습니다. 셋째를 가졌을 때는 출산 직전까지 직장에 얘기하지 않고 묘한 옷을 입고 다녔기 때문에 눈치 빠른 몇 사람을 제외하곤 몰랐어요. 매달 가는 산행 날, 등산복을 입고 나서는데 산통이 와서 응급실에 갔어요. 직장에 출산으로 결근한다고 통보했는데 다들 놀라 기겁을 했습니다.

그때는 끝이 보이지 않는 연단의 시기로만 여겼지만 지금 되돌아보면 얼마나 감사한지 모릅니다. 정치는 국민의 생활 구석구석을 살펴야 하잖아요. 복지제도의 세세한 부분들, 지방정부는 어떻게 돌아가는지, 경전철 사업은 타당성이 있는지, 건강보험문제는 어떻게 해결할 수 있는지 등 경제학과는 아무 상관이 없었지만 그때 날밤을 샜던 문제들이 지금 피가 되고 살이 될 줄 그때는 몰랐거든요. 한국 땅에서 여성들이 집과 직장에서 날마다 겪는 편견과 차별의 문제, 출산과 육아의 문제를 '등산복 출산 사건' 등을 직접 겪으며 누구보다 절절히 체감하고 대책에 골몰하도록 이끄신 하나님께 감사할 따름입니다."

- 2002년 정치입문 후 첫 공천탈락을 한 후에 하나님과 더 친밀하게 되셨다구요.

"첫 공천에서 떨어진 후 고민한 가장 근본적인 문제는 '하나님의 음성을 어디서 놓쳤는가'였습니다. 인터넷 서점에서 영문판 한글판 가리지 않고 '하나님의 음성을 듣는 법' '기도의 응답' 등 유사한 검색어로 찾을 수 있는 거의 모든 책을 사서 읽었습니다. 무디, 스펄전, 뮬러 등 기도의 선인들이 사용했다는 방법들도 해봤어요. A4용지를 반으로 접어 오른쪽에는 하나님 입장에서 '예'라고 응답할 이유를, 왼쪽에는 '아니요'라고 응답할 이유를 적은 뒤 더 긴 쪽을 택하라는 방법까지 따라해 봤습니다.

그러던 어느 날 38년 동안 수없이 읽었던 구절이 처음 읽는 것처럼 내 눈에 들어왔어요. '주의 말씀은 내 발에 등이요'(시 119:105). '등은 통상 높이 달아야 멀리 훤히 비추는데 왜 발에 등이라고 했을까' 하는 의문이 들었습니다. 한동안 그 생각이 머리를 떠나지 않아 여기저기 찾아보던 중 어떤 집사님이 올린 글에서 실마리를 발견했어요. 발에 등을 두면 한 발짝 앞밖에 보이지 않잖아요. 10m 앞, 100m 앞에 낭떠러지가 있는지 몰라도 하나님만 믿고 한 발짝 한 발짝 내딛기 원하신다는 뜻이라는 생각이 들었어요.

이를 통해 내면 깊숙한 곳에 자리 잡고 있던 부끄러운 내 진짜 모습과 마주했습니다. 하나님의 음성을 듣겠다 하면서 실제로는 '하나님, 제가 경제학자로 살아갈 인생 30년과 정치인으로 살아갈 30년을 다 보여주세요, 어느 길이 더 편하고 맘에 드는지 보고 결정할게요' 하는 식이었던거죠. 그랬으니 정치의 길을 가라고 응답 받았는데 왜 실업자가 됐느냐고 하나님 앞에 울고불고 했던 것이죠.

하나님이 정치를 하라는 응답을 주셨다고 해서, 공천 한 번 안 떨어지고 낙선 한 번 안하고 6~7선까지 쭉 보장해준다는 뜻은 아니었던 거죠. 응답 받았다는 확신이 있으면 길이 보이지 않아도 하나님의 인도하심을 믿고 한 걸음 한 걸음 내딛기로 해야 한다는 것을 깨달았어요.

이후 17대 총선 시즌이 왔고, 저를 인상 깊게 본 몇몇 분이 비례대표 공천을 신청하라고 연락해 왔습니다. 그 사이 당에는 엄청난 변화가 있

2009년 국정감사에서 질의하는 이혜훈 의원.

있는데, 2002년 대선에서 참패한 후 '차떼기' 사건으로 부패정당의 오명을 쓰고 있었기 때문에 젊고 깨끗한 후보를 내세워 개혁 이미지를 부각시키고 싶어했습니다. 여성들의 지지도가 낮다 보니 여성 후보가 필요했고, 당시 노무현정부의 경제 실정을 공격하는 선거 전략으로 '경제 살릴 한나라당'을 공식 캐치프레이즈로 채택했기 때문에 경제통이 필요했습니다. 젊은 여성 경제통도 구하기 힘든데 정치를 하겠다는 조건까지 붙으면 사실상 불가능에 가까웠죠.

이 같은 조건을 모두 갖춘 후보를 전국 250개 선거구 중 한나라당에

이혜훈 의원

가장 유리하다는 서초갑에 전략공천해야 당의 강력한 개혁 의지를 보여줄 수 있다는 결론이 나서 백방으로 찾다 결국 저에게 연락이 왔습니다. 공천 신청은 비례대표로 했지만 전략공천이란 명분으로 서초갑 지역구에 출마했고, 당선돼 17대 국회의원으로 정치를 시작했습니다.

이 과정에서는 하나님께 모든 것을 맡겼어요. 사실 그때 공천이 결정되기까지 책을 한 권 써도 될 만큼 매일매일 반전이 거듭됐습니다. 하지만 매 순간 '하나님, 제가 계획하지도 않았고 생각해본 적도 없는 정치의 길로 강권적으로 내모시는 것을 보면 하나님 뜻인 것 같습니다. 제가 혹시라도 하나님의 뜻을 잘못 분별했다면 지금이라도 막아주세요'라고 기도하면서 담담하고 평온하게 임했습니다. 말 그대로 내 발의 등불만 보며 한 발짝 한 발짝 하나님의 인도하심을 따라갔던 시간이었습니다."

– 의원님의 경험을 통해, 다음 세대 기독정치가 청년들에게 해주고 꼭 해주고 싶은 이야기가 있으시다면.

"처음 정치권에 들어갔을 때 정치권에도 '인성'이 있을거라고 상상을 했는데, 막상 들어가보니 무조건 '투쟁'이더라구요. 특히 야당으로 정치를 시작했더니 투쟁, 비판, 지적들 위주였습니다. 우리측 주장을 강하게 내세우고, 논리 싸움에서 이겨야 했습니다. 그러면서 '이게 하나님의 방법이 아닌데'란 생각을 하게 됐어요. 내가 하는 말이 가시가 되고, 판단하는 자리에 서게 되더라구요. 국회의원이 감시 · 비판하는 역할이라고 생각해서 그런지 남의 잘못만 매의 눈으로 찾는 게 버릇이 되고 그렇게 3선 의원을 하면서 12년이 지나니까 제 학교 동창들도 저에게 '왜 사람이 이렇게 변했니'라고 하더라구요.

저는 변한지도 몰랐는데, 그때 깨달았어요. '내가 하나님 자리에 앉아 있었구나. 다른 사람들을 정죄하고 비판하고 그랬구나'. 그래서 저는 기독교 정치인들이 그렇게 되지 않도록 스스로가 자기를 살피고 노력하는게 제일 중요하다고 생각합니다. 요즘 제가 매일 기도하는 건 '제가 입을 열어서 죽이는 말, 찌르는 말 하지 않도록 하시고 오직 내 안에 성령님이 말씀하게 해 주세요' 이거에요. 내가 먼저 변하고, 다른 사람이 변화되기 원하는 게 목적입니다. 그런데 그걸 위해 상대방을 지적하는게 아니라 성령님께 변화시켜 달라고 기도하면서 예수님의 언어가 나로부터 나가게 해 달라고 기도해요.

인생을 돌아보면서 하나님께 받은 은혜를 헤아려 보니, 결론은 내 인생이 내 능력에서 온 것은 제로(0)구나. 하나님의 은혜 뿐이구나 하는 생각이 듭니다. 내가 전혀 계획도 못한 일들이 많이 일어나고 그렇게 살아 왔어요. 그래서 결국 인생에 계획이 아무 소용이 없더라구요. 단지 현재 내게 주신 일을 '맡은자로서 매일 충성되게 행하자'(고전 4:2)하는 마음뿐입니다. 사실 어떤 일을 하느냐 하는 것보다는, 매일 매일 그 일을 하나님 뜻대로 하는 것이 더 중요하다고 생각합니다. 매일 매일 하나님 뜻대로 행하면 주님이 한발 한발 인도해 주시는 것 같아요."

이혜훈 의원에게 배우는
홀리 인사이트(Holy Insight)

1. **결정적인 순간에 자신이 왜 그 자리에 있는지 주님께 뜻을 구하고 사명에 순종하라!**

- 이 의원은 악법인 '수쿠크법'(이슬람 채권법)이 입법되려 할 때 하나님이 이 법을 막기 위해 자신을 정치로 입문하게 하신 것을 깨달았고, 끝까지 법 저지를 위해 모든 힘과 노력을 다해 막아냈다.

2. **세상 성공과 출세를 위해 주님의 섬기는 시간과 자리를 포기하지 말라!**

- 고등학교 시절, 다른 학생들처럼 주일날 학교에 나와서 공부하라는 압박이 심해졌지만 이 의원은 안식일을 철저히 지키며 교회를 섬겼다. 하나님은 입시제도 변화를 통해 그런 그녀를 오히려 서울대 입학으로 인도하셨다.

3. **어떤 것이 주님 뜻이라고 해도, 그것을 어떤 방법으로 행하기를 원하시는지까지 구하라!**

- 이 의원은 수년간 분초를 다투는 국회의원 의정활동 경험을 통해, 어떤 사안이 하나님의 뜻이 맞고 분명하다 하더라고, 하나님은 그것을 하나님의 방법으로 하기를 원하신다는 점을 절실히 깨달았다.

- 1946년생
- 국가대표 유도선수 활약(1965~1972)
- 연세대 재학 당시 유도 훈련 중 사고로 지체장애 1급 판정(1972)
- 중증장애인 직업재활시설 에덴복지원 설립(1983)
- 사회복지법인 에덴복지재단 이사장(1990~현재)
- 대한민국 정부 국민훈장 석류장(2000)
- 연세대 명예 졸업(2002)
- 일본 KAZUO ITOGA재단 제7회 KAZUO ITOGA상(2003)
- 연세대 경영대학원 최고경영자 과정 수료(2004)
- 도산아카데미 도산봉사상(2008)
- (사)한국장애인직업재활시설협회 회장(2009~2015)
- MBC 2010 사회봉사대상 본상(2010)
- 나사렛대학교 재활복지대학원(직업재활 전공) 졸업(2011)
- 現 에덴선교회 회장
- 現 행복공장만들기운동본부 회장
- 現 에덴선교교회 장로

정덕환 장로

장애인 평생 일터 만든
고난극복(苦難克服) 전도자

"저에게 하나님은 '삶'입니다. 매일 어디서든 '아버지!' 하면서 기도합니다. 항상 하나님을 붙잡고 살고 있어요. 물론 어떨 땐 몸이 불편한 것에 대해 억울함도 느끼지만, 항상 하나님 앞에 나오면 내 앞에는 눈물뿐입니다. 하나님께서 지금까지 내 인생의 모든 것을 극복할 수 있도록 만들어 주셨습니다."

2022년 3월 서울 강서구 마곡동에 위치한 사단법인 행복일자리운동본부 사무실에서 만난 정덕환 이사장(76, 장로)은 '장로님에게 하나님은 어떤 분인가요'란 기자의 질문에 이같이 답하며 눈물을 글썽였다. 전동휠체어에 누운 자세로 쉬고 있던 정 장로는 기자가 도착하자 직원들의 도움을 받아 몸을 일으키며 인터뷰에 응했다. 전신마비지체장애 1급인 정 장로는 2021년부터 욕창이 생겨 요거동이 더 힘든 상태였다.

정 장로는 지난 인생을 돌아보며 "죽음의 문턱에서 나를 살리시고 모진 고통과 가시밭길을 걷게 하신 주님이셨다"며 "그러나 그 시련의 나날 속에서 놓지 않은 한 가닥 끈이 있었다. 그것은 주님을 향한 믿음"이라고 고백했다. 그 믿음의 기도와 실천으로 정 장로는 지난 1983년 '에덴복지원' 설립을 시작으로 현재까지 40여 년간 장애인근로사업장인 '에덴하우스'와 중증장애인다수고용사업장 '형원' 등 11개 시설과 500여 명의 직원을 수용한 사회복지법인인 에덴복지재단을 하나님과 함께 이뤄왔다.

지난 2015년부터는 '중증장애인의 고용을 대폭 확대해 평생직장으로 만들자'는 새로운 비전을 하나님으로부터 받아 '행복공장만들기 운동본부'를 발족해 현재의 행복일자리운동본부로 발전시켜 운영해 오고 있다. 정 장로는 "세상에서 소외되고 보살핌과 시혜의 대상으로만 여겨졌던 이 땅의 250만 중증장애인들에게 땀 흘려 일하는 노동현장을 제공함으로써 그 삶이 역동적이고 풍요롭게 바뀔 수 있다"고 말했다.

부유한 집안의 개구쟁이 막내로 태어나 장래가 촉망받는 유도 국가대표로 이름을 떨쳤던 그의 인생에 과연 어떤 역경과 시련들이 있었던 것일까. 그리고 그 속에서 하나님은 어떻게 정 장로의 인생을 아름다운 작품으로 만들어 오신 것일까. 기자가 묻고 정 장로가 답했다.

- 언제 중증장애를 갖게 되셨나요.

"1972년 8월 1일의 한여름의 일이었습니다. 당시 연세대 재학 중 대한유도회가 주최하는 특별훈련에 참석해 몸을 푼 뒤 1년 선배 김영환 선수와 대련에 들어갔습니다. 저와 체급도 같고 시합도 같이 출전해 친

2022년 3월 서울 마곡동에 위치한 행복일자리운동본부 사무실에서 기자와 만난 정덕환 장로.

구처럼 지냈는데, 둘이 붙으면 실력이 막상막하여서 보는 이들의 손에 땀을 쥐게 했죠.

틈을 엿보던 저는 장기인 낮은 업어치기로 육중한 그의 몸을 들어 매트에 내던졌는데, '쿵' 소리 대신 제 입에서 '윽'하는 외마디 비명이 터져 나왔습니다. 상대방이 멀리 떨어지지 않고 육중한 몸이 내 얼굴 위로 엎어지면서 나의 목을 꺾어버린 것이었어요. 순식간에 몸을 가누지 못하고 널브러졌습니다. 나중에 안 것이지만 경추 4번 5번이 골절, 탈골된 거에요. 정신은 있는데 숨이 잘 쉬어지지 않았고 전혀 움직일 수 없었습니다.

정덕환 장로

세브란스병원 응급실로 옮겨진 저에게 의사는 상태가 중해 3일 이내 호흡곤란으로 사망할 수 있음 선고했습니다. 당시 결혼해 4살 아들까지 있었던 제 아내가 받은 충격은 말로 표현할 수 없을 정도였죠. 말로만 듣던 '식물인간', 바로 그 주인공이 제가 된 것입니다. 처음엔 '이것은 꿈일 거야'라고 생각했지만 생생한 현실이었습니다. 결국 대수술 후에 목숨은 건졌지만 24시간 통증에 시달리며 전신마비의 몸으로 살아가야 하는 신세가 됐습니다."

- 사고 당시도 하나님을 믿고 있는 상태였나요.

"원래 저희 집은 불교 집안이었어요. 그때까지 교회란 곳을 단 한 번도 가본 적이 없었습니다. 다니던 연세대가 미션스쿨이라 학점 때문에 채플에 몇 번 참석은 했지만, 기독교는 나와 전혀 관계가 없는 종교였어요.

그런데 전신마비의 몸이 되니 '만약 신이 있다면 나를 왜 이렇게 만들어 놓았느냐'고 따지고 싶더라구요. 하나님이 계신다면 이럴 수는 없다고 몇 번이나 마음으로 울부짖었습니다. 가끔 찬양단이 병실로 들어와 찬양을 부르고 기도를 해주는데 전혀 마음의 위로가 되지 않았습니다.

이 무렵에 저희 어머니가 먼저 교회에 나가게 되셨고, 현실을 받아들이기 너무 힘들었던 아내도 무엇인가에 의지하고자 어머니를 따라 교회를 다니기 시작했던 거죠. 그리고 두 사람이 합동으로 내게 하나님을 전하게 된 것입니다. 남편을 돌보느라 심신이 피폐해진 아내가 전하는 복음, 그걸 차마 거부할 수 없어 처음 믿게 됐습니다."

- 당시 아내가 신앙적으로 많이 도움을 줬나요.

"병실에서 잔잔한 목소리로 제게 성경을 읽어주고, 찬송가도 불러줬어요. 아내가 읽어주는 말씀을 들으면서 주님의 도움을 받아 이 시험을 감당하고 치유가 될 것이라는 소망을 갖게 되었어요. 내 의지로 이제 몸을 움직여보는 혼신의 노력도 하고, 하나님을 향해 눈물을 뿌려 기도하기 시작했습니다 '주님, 도와주세요. 이제 27세 한창인 제가, 아내와 아들까지 있는 제가, 누워만 있으면 안 되지 않습니까.' 그러다가 도무지 소생할 것 같지 않았던 저의 손을 조금씩 움직이는 기적이 일어났습니다. 손을 들 수도 감촉도 없던 제가 변화되니 의료진도 환호성을 지르더군요.

손의 기능을 어느 정도 회복한 저는 용기를 얻어 일어서는 연습을 했습니다. 8개월 만에 처음으로 스스로 일어나 앉게 됐어요. 전신마비로 평생 손도 못쓸 줄 알았던 제가 그렇게 간신히 손까지 쓸 수 있게 되어 그 후 휠체어 타기까지 성공했습니다. 이렇게 하나님께서 도움을 주시고 기도에 응답해 주신다는 것을 굳게 믿고 신앙생활에 박차를 가하게 됐어요.

한번은 택시를 타고 당시 여의도광장에서 열린 빌리 그레이엄 목사 전도집회에 며칠간 참석하기도 했어요. 메시지를 통해 크게 은혜를 받았고 신유기도 시간을 통해 하나님께서 살아계시고 역사하신다는 것을 분명히 확신할 수 있었습니다. 이 무렵 병원에서는 이제 더 이상 해줄 게 없다며 저에게 퇴원하라고 하더라구요. 그나마 병원에 있어야 재활치료를 받으며 편의가 제공돼 버렸으나 결국 휠체어를 탄 채 집으로 돌

정덕환 장로

아왔습니다. 당시는 보험이나 보상 시스템이 갖춰지지 않은 상태라 당장 생계가 문제였습니다."

- 가장으로서 뭐라도 해야 했을 것 같은데, 어떻게 하셨어요.

"당시엔 척추장애인이 할 수 있는 것은 아무것도 없었어요. 그러다 후배들이 유도 연습하는 연세대 도장을 찾아 지도해주는 봉사활동을 시작했습니다. 후배들이 좋아해 두 달간 신나서 매일 나갔는데 어느 날, 행정적인 문제가 있으니 이제 그만 나와 달라고 공식 통보를 받았어요. 연세대 캠퍼스 백양로를 휠체어를 타고 내려오는데 눈물이 사정없이 흘러내렸습니다.

뭐라도 해야겠다 싶어 오토바이를 개조한 삼륜차를 한 대 사서 수입상품을 떼다 파는 일에 도전했습니다. 수입이 꽤 괜찮아 제대로 해보려고 했더니 이번엔 정상인이 그 일을 가져가 버렸어요. 저는 분노하면서 이제 교회도 나가지 않겠다고 소리쳤어요. 모든 것이 마음에 들지 않아 짜증부터 났습니다. 하나님을 바로 만나지 못한 엉터리 신앙인이었죠.

그러다 아내와 천마산기도원에 갔어요. 아내는 이번 기회에 제가 주님을 만나야 한다며 준비 기도를 일주일이나 했어요. 당시 천마산기도원의 예배 모습은 제게 이질감을 주기에 충분했습니다. 성령으로 충만해 기도하는 모습과 방언을 하거나 병이 보는 데서 낫는 것 등은 제겐 신세계였습니다.

목사님이 한 사람씩 안수기도 해 주는 시간이 있었는데 한 사람이 제게 오더니 나를 끌어안고 함께 기도하자며 기도해 주기 시작했습니다. 얼마를 기도했을까 제 입에서 방언이 터지며 회개의 눈물과 감사의 기쁨의 봇물처럼 터져나왔습니다. 몇 시간은 기도했던 것 같아요. 이날부터 하나님이 살아계시고 역사하신다는 것을 더 이상 의심하지 않게 되었습니다."

- 그래도 당장 먹고 사는 문제는 쉽지 않았을 것 같습니다.

"1979년 서울 구로동 이화아파트란 곳에 거처를 마련하고 동네 입구에 '이화식품'이란 구멍가게를 냈어요. 가게를 지키며 물건만 팔면 되니 제게는 가장 적합한 일이었습니다. 가게가 잘 되자 직원을 하나 구해 맡기고 교회 출석을 열심히 하면서 병원 등을 찾아다녔어요. 저의 간증을 들려주며 실의에 빠진 환자들을 대상으로 전도를 했습니다. 삼발이 오토바이를 한 대 사서 직접 운전하며 병원을 찾아다녔어요.

'전 사고로 목 아래 전신마비가 되었다가 예수를 영접하고 하나님의 은혜로 많이 건강해져 이렇게 복음을 전하고 있습니다. 여러분도 낙심하지 마시고 기도하세요. 하나님은 살아계십니다.' 특히 척추를 다쳐 반신마비가 된 분들의 저의 이야기에 큰 힘을 얻는 것 같았습니다. 일부러 찾아와 확인하고 이야기를 듣는 사람들도 있었어요. 그렇게 계속 전도하다 보니 '중증장애를 가진 것만으로 평생 방에 갇혀 지내는 사람들이 얼마나 많을까. 이들이 밖으로 나와 맑은 공기를 마시며 최소한 인간답

정덕환 장로

이화식품을 운영하던 당시 가게 안에서 활짝 웃고 있는 정덕환 장로.

게 일할 수 있는 길은 없을까'라는 생각을 하게 됐어요."

- 처음 '에덴복지원'을 만들게 된 계기가 됐군요.

"안타깝고 간절한 마음으로 하나님을 향해 지혜를 달라고 기도드리다가 처음 응답받은 곳은 5명이 모여 사는 장애인공동체였습니다. 한 집사님의 소개로 찾아갔는데 정부의 보조금 없이 근근이 입에 풀칠만 하며 지내고 있었어요. 너무나 불쌍해 집에 있던 먹을 것을 수시로 공급하면서 그들에게 용기를 주며 전도도 했습니다. 자연히 이곳에서 그들과 함께 지내는 날이 점점 많아졌어요.

그러다가 과감하게 공장이 많이 밀집돼 있는 서울 독산동의 한 허름한 건물 지하실 한 칸을 얻어 '에덴하우스'란 간판을 걸었습니다. 비록 누추하고 보잘 것 없는 장소지만, 우리의 마음만은 이곳이 하나님이 창조하신 천국, 에덴이라고 생각해서 그렇게 이름 붙였어요. 처음부터 쉽진 않았습니다. 우리가 할 수 있을 정도의 일감이 있는 공장을 찾아다녔지만 모두 문전박대를 당했습니다. 장애인이 도대체 무슨 일을 할 수 있을 것이며 불량품이 나오면 그 손해는 누가 감당하느냐고 고개를 저어버리는 통에 눈물을 삼키며 돌아서야 했습니다.

어쩌다 불쌍히 여겨 일을 맡겨주기도 했는데 정상인이 할 수 있는 작업량의 30%도 못했고 인건비도 너무 낮아서 생활에는 거의 도움이 되지 못했습니다. 그래도 매일 눈만 뜨면 전자부품업체들을 찾아다니고 또 다녔습니다. 지성이면 감천이라고, 한 전자업체가 일감과 가격을 넉넉히 맡겨주는 일이 일어났고 우리가 열심히 납기일에 맞춰 일을 해다 주자 더 많은 일감을 줬습니다.

그래서 우리는 장애인을 더 고용해야 했고 나중엔 30여 명이 함께 일하는 에덴하우스로 빠르게 자리를 잡았어요. 제가 살던 아파트를 담보로 월세 건물을 임차하고 내부를 개조해 기숙사와 예배실도 만들었습니다. 컴컴한 지하실만 있다가 나오니 직원들이 너무나 좋아했어요. 궁전이 부럽지 않았습니다.”

- 보살펴야 하는 장애인들이 많아지면서 어려움은 없었습니까.

“장애인들만 모여 일하는 에덴복지원은 인원이 늘어나면서 문제도 많이 일어났습니다. 중증장애인이 많아 수시로 병원으로 실려 가는가 하면 일거리가 떨어지고 수입이 줄면 금방 식량도 떨어져 나를 조마조

마하게 했죠.

그러나 하나님은 가난하고 소외된 자들의 편이셨습니다. 우리가 매일 아침 모여 드리는 기도를 외면치 않으시고 '우리의 필요'를 채우셨어요. 추위에 겨울날 일을 걱정하고 있으면 독지가가 나타나 보일러를 놔주었고 쌀이 떨어질 때가 되면 누군가 쌀가마를 갖다 줬어요. 또 일감이 떨어지면 전 원생이 뜨겁게 '일감을 달라'고 합심해 기도하고 나가면 이름도 모르는 분이 찾아오거니 좋은 분을 우연히 만나게 돼 '일감'이 생기곤 했어요. 마치 하늘에서 떨어지는 만나처럼요.

에덴복지원은 원생이 점점 늘어 40여 명이 되었는데, 모든 문제를 나혼자 해결하고 판단하고 처리하려니 너무 힘들어졌어요. 빨랫감만 잔뜩 갖고 한 달에 한두 번 집에 와 얼굴만 비치는 남편을 아내가 이해해줄 수 있었던 것은 결국 신앙의 힘이었습니다. 하나님께서 주신 사명으로 장애인을 돌본다는 것을 아내가 잘 알고 있기 때문입니다."

- 그렇게 하나님이 함께 하셨기에 에덴복지원은 계속 커져 갔던 것 같습니다.

"우리가 직접 일할 공장과 살 기숙사도 마련해 가고, 1989년 12월에는 압출성형기 2대와 인쇄기 2대, 가공기 5대가 우리 공장에 설치됐습니다. 엄청난 모험이었죠. 지금까지 전자부품 조립을 받아다 납품하면 개당 수수료를 받는 것이었는데 이젠 생산을 직접 하는 것이니 본격적인 사업에 뛰어든 셈이었습니다. 몇 번의 시행착오를 거친 후에 제품다운 비닐봉투를 만들어 시장으로 갖고 나갔어요. 첫 주문이 들어왔을 때 정성을 다해 만들었고 이후 조금씩 주문이 늘기 시작했습니다. 비닐봉투 제작 작업은 시간이 갈수록 기술이 향상돼 인쇄도 선명하고 봉투의 질도 좋아져 소비자들에게 호평을 받았습니다. 그런데 사업은 잘되는 것 같아도 결산을 하면 늘 적자였어요. 우리는 운영을 주먹구구식으로 한 데다 인건비가 많이 드는 게 문제였습니다."

– 인건비 문제를 어떻게 해결해 나가셨습니까.

"공동체생활을 하며 사업하는 가운데 가끔씩 우리를 찾아와 격려해 주고 쌀과 부식 등 선물을 한아름 가져다주시는 귀한 목사님이 계셨는데 지금은 고인이 되신 영락교회 한경직 목사님이셨습니다. 한경직 목사님이 복지원을 법인으로 만들어 보라고 권유하셨어요. '정 원장, 이 시설이 정 원장 개인 것이라 생각하지 않는다면 법인으로 운영하세요. 내가 도움이 되도록 힘써 보겠소.' 법인서류를 만들자 한경직 목사님은 나를 대뜸 복지부장관실로 데려가셨어요.

'에덴복지원은 중증장애인이 모인 곳입니다. 부모조차 포기한 장애인들을 정 원장이 데려다 인간다운 삶을 살게 하느라 엄청 고생하고 있습니다. 이제 나라가 정 원장을 좀 도와줄 때라고 생각합니다.' 그러곤 한 달만에 법인등록증을 받았습니다. 임의시설이던 에덴하우스가 이듬해부터 정부 지원을 일부 받을 수 있는 근거가 마련된 거죠. 정부는 직원 일부의 인건비를 지원해 줬는데 늘 적자였던 우리에겐 최고의 선물이었습니다."

정덕환 장로

- 94년 '쓰레기종량제' 실시가 큰 도움이 되셨다구요.

"회사가 안정되는 가운데 하나님께서는 우리 시설이 크게 도약할 수 있는 선물을 주셨습니다. 94년부터 쓰레기를 비닐봉투에 담아 버리는 '쓰레기종량제'가 전면 실시돼 우리도 납품업체가 될 수 있는 기회를 얻게 된 것이죠. 우린 웬만해선 찢어지지 않고 신축성 강한 쓰레기봉투를 최선을 다해 만들어 서울 각 구청에 보냈고, 품질이 좋다는 인정을 받은 뒤 정신없이 바빠지기 시작했습니다. 공장이 바쁘게 돌아가고 시설도 확충했습니다. 무엇보다 더 많은 장애우들의 일자리를 만들어 주는 것이 최고의 기쁨이었습니다.

그런데 일은 많은데 우리 시설이 열악했습니다. 기숙사도 비좁았어요. 또 한 번 큰 꿈을 그렸습니다. 기숙사와 공장이 가까이 있고 24시간 따뜻한 물이 나오고 문턱이 없이 드나드는 대형 식당과 목욕탕이 있는 건물을 그리며 예배를 드릴 때마다 공장 이전을 위해 함께 기도했고, 하나님은 드디어 파주에 2000여 평의 땅을 매입하도록 도우셨어요.

공사를 시작했는데 주민들이 반대를 시작했어요. 장애인 시설이나 공장이 들어오면 왜 무조건 '혐오시설'이라고 반대를 하는지 화가 났습니다. 그러나 조용히 하나님께 지혜를 구해서 주민 대표들을 우리 공장으로 초청해 일하는 모습을 보였습니다. 예상보다 공장 규모가 크고 열심히 일하는 장애인들의 모습을 본 주민들은 감동을 받았는지 공장 건립을 더 이상 반대하지 않았습니다."

- 장애인분들 결혼도 많이 시키셨다고 들었습니다.

"장애인들과 많이 생활하다보니 이성에 대한 관심도 갖고 가정을 이루고픈 열망도 큰데 엄두를 내지 못하는 경우가 대부분이었어요. 나는 원생들도 자유롭게 연애를 하고 가정을 이루어야 한다고 여겨 서로 사귀는 것을 독려했습니다. 그러다 보니 서로 눈이 맞아 데이트도 했고 이어 결혼도 하고 싶어 하는 눈치더라구요.

그래서 파주 공장으로 이전하기 전 5쌍의 합동결혼식을 올렸고 이후 매년 결혼식이 이어졌습니다. 저는 주례를 서주며 새로운 부부탄생을 마음으로 기뻐하고 축하했어요. 이렇게 에덴을 통해 가정을 이룬 장애인 부부가 50쌍을 훌쩍 넘습니다. 그래서 우리 에덴에서 가장 잘되는 사업이 '연애사업'이라고 내가 우스개 소리를 하곤 합니다(웃음)."

- 지금까지 이 일을 하시면서 아내분도 고생을 많이 하셨을 것 같습니다.

"오늘의 나와 복지재단이 있기까지는 모든 게 전적으로 하나님의 은혜였지만, 그 뒤에는 아내의 눈물과 기도, 헌신이 있었기에 가능했습니다. 지금 두 아들이 잘 자라 제 몫을 하고 있는 것도 모두 아내 덕분입니다.

27세 한창나이에 전신마비 남편을 받아들이고 오랜 병구완과 남편의 온갖 성화를 온몸으로 받아낸 아내는 엄청난 고통으로 마음의 병을 얻었고 이로 인해 대수술을 여러 번 해야 했어요. 학창시절 육상선수로 활동하는 등 건강했던 아내가 병을 얻은 것은 모두 나로 인한 마음고생 때문입니다.

정덕환 장로

아내는 숱한 병치레를 하면서 영성은 더욱 깊어갔습니다. 병원에서도 사형선고를 내렸지만 언제나 다시 일어나 '치유와 기적의 하나님'을 자신의 몸으로 입증해 보였습니다. 하나님은 살아계시고 역사하시며 우리의 생사화복을 주장하시는 분이 분명한 것을 아내를 통해 알게 돼요.

아내가 신앙적으로 거듭나 하나님의 사랑과 인도를 받지 못했더라면 저보다 먼저 천국에 갔을 것이라고 가끔 이야기합니다. 아내는 제가 목회자가 되어도 좋고 아니더라도 신앙 성숙을 위해 꼭 필요하다며 신학교 입학을 권했습니다. 그러나 내가 몸이 이런데 어떻게 공부하느냐며 거절을 했는데 그럼 본인이 하겠다며 신학교에 들어가 1997년 목사안수까지 받았어요. 지금 아내 이순덕 목사는 파주 공장에 설립된 에덴선교교회 담임을 맡아 특수목회를 열심히 하고 있습니다. 매일 아침 전 직원을 대상으로 드리는 예배 인도도 아내 몫입니다."

- 2009년에 장애인 직업재활시설협회 회장도 맡으셨는데요.

"당시 전국에 470여 개의 직업재활시설이 있지만 모두가 열악했습니다. 전 장애인에게 직업이 얼마나 중요한지를 역설했고 당시 전재희 보건복지부 장관에게 저희 이·취임식 날인 10월 30일을 '직업재활의 날'로 정해줄 것을 요청했어요. 그리고 그 이유를 이렇게 설명했습니다. '10월 30일의 1030은 '일(1)이 없으면(0) 삶(3)도 없다(0)'는 뜻입니다. 장애인에겐 그만큼 일이 절박하다는 것이죠. 제정해 주세요.' 하나님이 주신 지혜였어요."

제2회 장애인 직업 재활의 날 행사를 마치고 보건복지부 관
계자들과 함께 기념사진을 찍은 정덕환 장로.

우리의 청이 받아 들여져 이때부터 10월30일이 '장애인재활의 날'로
선포돼 지켜져 오고 있습니다. 그리고 장애인 기업에서 만든 제품을 더
많이 사주는 '착한 소비운동'을 전개해 소비자들에게 도움을 요청했지
만 반응은 싸늘했어요. 내가 소비하는 제품 하나가 누군가에게 큰 힘
과 용기가 될 수 있다는 것을 인식하고 관심을 가져줄 것을 부탁드리
고 싶습니다."

- 국가에서 훈장과 상도 많이 받으신 걸로 압니다.

"저의 사업과 활동이 폭넓게 알려지면서 국가에서 주는 훈장인 국민
포장 · 서류장과 도산봉사상 · MBC사회봉사대상 등을 받았습니다. 부
끄러웠지만 한편 장애를 딛고 헌신한 것에 대한 선물이라는 생각에 기
쁘게 수상을 하곤 했습니다. 그리고 수상소감을 이렇게 말했습니다.

'저는 지금도 세끼 밥을 제 손으로 먹지 못하고 책 한 권, 신문 한 장 들지 못합니다. 그러나 제겐 꿈이 있습니다. 장애인을 바로 세우고 자활하도록 부축해 주는 것입니다. 그 열정과 희망이 오늘 저를 이 자리까지 이끌었습니다. 함께 기도해 주시고 장애인의 자활에 힘을 보태주시길 바랍니다.'"

― 현재 운영하시는 행복일자리운동본부의 모태가 된 '행복공장만들기운동본부'는 어떻게 만들게 되신 건가요.

"그동안 에덴하우스와 중증장애인 사회적기업 '형원'을 운영하면서 저의 관심은 온통 '장애인 고용증대'에 집중됐습니다. 장애인에게 최고의 복지는 일자리를 만들어 주는 것이라고 생각했어요. 소비적 복지가아닌, 지속가능한 생산적 복지로 가야 하는 것이죠. 그 생각은 지금도 변함이 없습니다.

우리나라 15세 이상 중증장애인은 95만명 정도고 이 중 직업을 가진 장애인은 24%, 평균임금은 23만 원 정도예요. 저는 이 문제를 장애인 관련 행사나 정부 관계자를 만날 때마다 앵무새처럼 부각시켰지만 관심을 유도했지만 언제나 한계에 부닥치곤 했습니다. 그래서 이 문제를 아예 한국사회복지정책연구원에 용역을 줘 '중증장애인 평생일터 행복공장 모델화 연구'라는 연구보고서를 만들었어요.

그 결과 2015년 4월, 행복공장 만들기 운동본부가 에덴복지재단에서 출범할 수 있었던 거에요. 슬로건은 '해피 드림 잡(Happy Dream Job)'

으로, 장애인과 사회 취약계층의 일자리 만들기 운동을 통해 지역사회 구성원 모두가 더불어 사는 사회를 조성하자는 희망의 메시지를 전달하려는 것이었습니다.

하지만 아직도 한국의 장애인 고용 현주소는 초등학교 수준이라고 봅니다. 앞으로도 행복일자리운동본부를 통해 전국 곳곳에 장애인이 마음껏 일하고 행복을 느낄 수 있는 사업장을 만들어 더 이상 시혜적 대상의 장애인이 아니라 일을 하고 세금을 내는 국민으로 발돋움하도록 돕고 싶습니다."

- 마지막으로 독자들에게 전하고 싶은 말씀이 있으신가요.

"에덴을 현재까지 40여 년간 운영해 오면서 우리를 도와주신 수많은 분의 사랑과 수고가 주마등처럼 스쳐 갑니다. 그분들의 헌신과 지원이 없었더라면 제가 할 수 있는 것은 지극히 미미한 부분이었을 것입니다.

그리고 위기의 순간이나 때론 절망의 나락에서 허우적거릴 때 주님은 언제나 내 손을 잡아주셨어요. 나는 이제 끝이라고 생각해도 결국 끝이 아니고 새로운 시작이었습니다. 제가 가장 절망스러웠을 때가 결국 주님을 가장 뜨겁게 만나는 순간이기도 했습니다.

앞으로도 제게 주어진 모든 것에 감사하며 이 땅의 모든 중증장애인이 하나님을 만나고, 직업을 갖고, 행복한 삶을 영위할 수 있도록 최선을 다해 돕고자 합니다. 이를 위해 여러분 모두가 기도로 응원해 주시길 특별히 부탁드립니다."

정덕환 장로

정덕환 장로에게 배우는
홀리 인사이트(Holy Insight)

1. **인생의 가장 절망적인 순간에 하나님을 만나라!**
주변의 믿음의 사람들의 도움을 받아라!

- 정 장로는 불의의 사고로 순식간에 장애인이 된 후 하나
님을 원망하기도 했지만, 결국 하나님께 나아갔다. 그렇
게 나아가게 된 건 믿음의 아내의 도움이 있었다. 정 장로
는 그 도움을 붙잡았다.

2. **자신이 경험한 어려움을 겪고 있는 불신자들에게**
적극적으로 복음을 전하라!

- 정 장로는 자신이 목 아래 전신마비가 되었다가 예수를
영접하고 하나님의 은혜로 많이 건강해졌음을 알리며 장
애인들에게 복음을 전했다. 하나님은 그런 그에게 장애인
들에 대한 사랑의 마음을 부어주셨고, '장애인 일터만들
기'라는 가슴 뛰는 평생의 비전도 주셨다.

3. **억울하다고 느껴지는 일이 있을 때도 사랑으로**
반응하면 하나님이 해결해 주신다!

- 파주에 2000평 땅을 매입하고 장애인 시설을 지으려 했
을 때 주민들이 '혐오시설'이라고 반대했다. 정 장로는 화
가 났으나 조용히 하나님께 지혜를 구하고 열심히 일하는
모습을 보여주는 사랑으로 반응했다. 결국 하나님이 주님
들의 마음을 움직여 일은 해결됐다.

- 1959년 출생
- 한양대학교 정치외교학과 졸업(1983)
- 제18회 외무고시 합격(1984)
- 1984.7~1993.7 외무부
- 1993.7~1996.6 주러시아대한민국대사관 2등서기관
- 1996.6~1998.6 주로스엔젤레스대한민국총영사관 영사
- 1998.6~2002.1 주러시아대한민국대사관 1등서기관
- 2003.7~2004.6 러시아 CIS과 과장
- 2004.6~2007.2 주프랑스대한민국대사관 참사관
- 2007.2~2007.7 주카자흐스탄대한민국대사관 공사참사관 · 총영사
- 2007.7~2008.7 주아스타나분관 분관장
- 2008.7~2010.2 주알마티분관 분관장
- 2010.2~2010.8 국무총리실 외교안보심의관
- 2010.8~2011.3 외교통상부 조정기획관
- 2011.3 주블라디보스톡대한민국총영사관 총영사
- 2014.11 중앙공무원교육원 국제교육협력관
- 2016.2~2019 주우크라이나대한민국대사관 대사
- 現 경상국립대 산학협력중점교수
- 現 동북아공동체문화재단·K블루존 상임대표

이양구 대사

민간선교로 전 세계에 복음 전한
'말씀의 외교관'

"모스크바로 외교관으로 떠날 때 선교단체에서 처음으로 간증을 해봤는데 '섭리'란 말이 실감이 났어요. 제가 하나님을 만난 게 아니라, 하나님이 저를 먼저 만나 주셨다는 거죠. 다만 제가 그걸 늦게 깨달았을 뿐이었습니다. 신앙생활 30년을 돌아보니 하나님의 인도하심과 보호하심 없이는 살 수 없었던 것 같습니다. 제가 모르는 가운데서도 하나님께서 저에게 가장 필요한 일들을 행하시고, 제 전체 인생을 '빅픽처'로 인도해 주셨음을 고백합니다. '섭리'라는 단어가 가장 와 닿습니다."

2022년 3월 광화문에서 기자와 만난 이양구 전 우크라이나 대사는 '대사님에게 하나님은 어떤 분인가'란 기자의 질문에 '섭리'라는 단어로 힘주어 표현했다. 이 대사는 "앞으로도 내일 일은 모르지만, 하나님의 섭리, '빅픽처'가 있으니 더 담대하고 긍정적으로 살아가고 싶다"고 말했다. 섭리(攝理, divine providence)는 사전적으로 기독교에서 '세상과 우주 만물을 다스리는 신의 뜻'을 일컫는다. 외교관이란 옷을 입고 국제 정세를 살피며 반평생을 해외에서 전문인선교사로 살아온 그의 인생에 걸맞은 답변이었다.

그가 교회를 처음 다니게 된 건 초등학교부터였다. 당시 그의 어머니가 먼저 교회 다니게 되시면서 자연스럽게 그도 다니게 됐는데, 그의 어머니는 90세에 소천하실 때까지 새벽기도를 다니시며 기도의 본을 보이셨던 분이다. 하지만 어머니와는 별개로 이 대사가 개인적으로 진지하게 신앙을 갖게 된 것은 외교관이 된 후 '외교부선교회' 활동을 하면서부터다.

"외교관이 되고 1991년 6월, 미국 연수를 마치고 돌아왔는데 같은 과 여직원이 좋은 모임이 있다고 해서 갔어요. 그곳이 '외교부선교회' 모임이었습니다. 매주 수요일 점심시간에 종교교회에서 20~30명이 모여서 15분간 김밥을 먹고 40분간 성경공부를 했습니다. 물론 그전에도 설교는 많이 들었지만, 그때 성경을 챕터별로 공부하면서 성경이 재미있다는 걸 느끼게 됐습니다."

이후 외교부선교회에서 만난 스페인 대사를 지냈던 한 선배 외교관이 그를 어디론가 데리고 갔다. 대학생성경읽기선교회(UBF)였다. 그는 거기서 또 성경을 배웠다. 일주일에 세 번, 챕터별로 성경을 공부하며 문제도 풀고 소감도 발표했다. 1993년에 모스크바로 갈 때까지 1년 반 동안 창세기부터 계시록까지 성경 전권을 집중적으로 공부하는 시간을 거쳤다.

"저는 성경을 통해 하나님을 만났어요. 집요한 성경공부의 과정을 통해 신앙의 문이 열렸습니다. 1993년 8월에 모스크바에 간 후로는 스스로 큐티(Q.T. 경건의 시간)도 했습니다. 그 원동력은 외교부선교회 활동으로부터 시작된 거죠. 외교부가 크리스천 비율이 높습니다. 해외 어디든 우리나라 교회가 활성화돼 있다 보니 해외 근무를 하면서 크리스천이 되는 외교관들도 많습니다. 당시엔 전문인선교사 개념도 몰랐지만, 저도 현장에서 그렇게 훈련이 돼 갔던 것 같아요."

이후 그는 반평생 외교관 활동을 하면서 복음 전도와 민간선교에 많이 힘썼다. 1993년 8월 모스크바에 처음 갔을 때 대사관에서 성경공부반을 만들었다. 마침 외교부선교회에서 성경 모임을 인도했던 목사가 선교사로 모스크바에 미리 와 있어 인도를 부탁했다. 그렇게 3년을 보낸 뒤 미국 LA로 발령이나 이동하게 됐는데, 그곳에서 또 성경공부반을 만들었다. 그리고 나중에 다시 모스크바로 돌아왔을 때는 직원 중심의 성경공부반을 진행했다. 그에게 성경 말씀은 모든 사역의 원천이 됐다.

"모스크바에 있을 때 두 개의 교회를 다녔는데, 한국에서 파송되신 선교사님이 담임하는 교회도 가고, UBF가 세운 현지교회도 갔어요. UBF 교회에서는 러시아 대학생들도 만나 교류했고, 관련 행사에도 많이 참여했습니다. 이후 외교관으로서 직급이 올라가 총영사 등을 역임했을 때는 기관장으로서 지역 선교사들과 함께하는 활동에 많이 참여했습니다. 그중 가장 활동적으로 참여했던 시절이 우크라이나 대사로 있을 때

이양구 대사

였어요. 당시 우크라이나 크리스천들은 한국 대사가 크리스천이라는 사실에 고무됐습니다. 그들과 많은 관계도 맺었고, 한국에 대표단도 많이 보냈었어요. 성탄절에 메시지도 전해 달라고 해서 전한 적도 있습니다. 우크라이나에서 많은 추억을 만들었습니다."

다음은 이양구 대사와 기자의 일문일답.

- 큐티(Q.T)를 30년째 매일 하신다고 들었습니다.

"1993년 모스크바의 주러시아한국대사관에 부임하면서 30년간 이어온 큐티는 영적 습관이 됐습니다. 큐티 노트에 빽빽하게 메모도 했어요. 국제제자훈련원의 리더십핸드북을 보면 세월의 흔적처럼 메모들이 켜켜이 쌓여 있습니다. 큐티와 함께 기록의 4단계 원칙도 만들었습니다. 첫 단계는 사실을 기반으로 한 '관찰'. 여기서 그친다면 사실과 경험을 나열하는 일기일 뿐입니다. 다음 단계는 관찰한 걸 해석하는 단계, 해석과 유사한 사례나 경험을 연관시키는 단계, 이를 어떻게 적용할지 고민하는 단계입니다.

하나님은 4단계를 거친 메모로 뜻밖의 선물을 주시기도 했어요. 똑바로 살고 있는지, 올바른 방향으로 가고 있는지 점검하게 하셨습니다. 잘못된 방향으로 가고 있으면 메모는 반성문이 됐고 제대로 된 방향을 제시해 줬습니다. 무엇보다 메모는 하나님과 소통하는 도구가 됐습니다. 하나님이 주신 사명이나 달란트를 메모에서 발견하기도 했어요. 외무고시에 합격하고 외교관이 됐을 때 저는 제가 잘나서인 줄 알았어요.

그러다 메모 속 나를 돌아보니 주변의 보이지 않는 손들이 나를 외교관의 길로 이끌었음을 알게 됐습니다."

- 36년 외교관 인생을 돌아보면 어떻습니까.

"36년 외교관 인생을 관통하는 단어는 '삼수' 입니다. 한 번에 된 적 없이 재시도를 되풀이했어요. 스스로 불행하다고 생각도 했지만, 하나님이 '삼수'의 방법으로 제 삶에 개입하시고 역사하셨음을 알게 됐습니다. 삼수의 과정을 통해 전환점을 경험했어요. 고난과 역경으로 저는 더 강해졌고 겸손해졌습니다.

이양구 대사는 2022년 3월 기자와의 인터뷰에서
"하나님의 보이지 않는 섭리가 나를 외교관의 길
로 이끌었다"고 고백했다.

이양구 대사

우선 대학 입시부터 삼수의 삶이었어요. 만약 세 번의 도전 끝에 서울대에 들어가 외무고시에 합격했다면 외교부의 주류가 됐을 겁니다. 그러나 결과는 실패였고 저는 비주류가 됐어요. 지금은 서울대 못 간 것이 잘됐다 싶습니다. 그 덕에 겸손의 자세를 갖게 됐고 차별화된 경쟁력을 쌓으려고 더 노력했거든요.

1993년 러시아 공관에 서기관으로 간 것도 세 번째 도전만입니다. 삼수의 시간 성경공부를 집중적으로 했고, 하나님이 나에게 주신 메시지를 발견했습니다. 다니엘서 말씀을 통해 평생 신앙의 중심과 초석을 쌓았어요.

2002년엔 원하던 러시아과장 대신 정보화담당관으로 갔는데, 서기관인 내가 차관에게 '내가 러시아 과장이 돼야 할 이유'를 설명하며 인사에 항의하는 말도 안 되는 행동도 했습니다. 그제야 인사과장이 정보화담당관으로 가 있으면 1년 뒤 러시아과장을 시켜주겠다고 했어요. 이렇게 간 곳에서 인생의 큰 변화를 경험했습니다. IT의 '아이(I)'도 모르는 내가 외교부 정보화 시스템을 구축해야 했기에 공부부터 했습니다. 기업을 찾아가 전문가 의견을 들었고 카이스트 전자정부 고위과정, 전국경제인연합회 리더십과정 등 들을 수 있는 수업은 모두 들었습니다. 정보화 시스템이 잘 구축된 기관과 국제기구를 보려고 미국 프랑스 캐나다 영국 독일 벨기에 등을 찾아갔습니다. '개안(開眼)'이라는 말처럼 눈이 열리고 새 세계가 보였습니다.

2000쪽의 정보화 전략기획안은 정보화 시스템 구축에서 나아가 조직 전체의 혁신을 담았고, IT로 외교 정보화의 글로벌 리더를 만들기 위해 노력해 2002년 대통령 표창까지 받았습니다. 가장 자신 없는 분야에서 즐겁게 일하니 자신감도 생겼습니다. 울면서 간 곳에서 웃으며 나왔습니다.

늘 고난이 있진 않았습니다. 관심 있고 잘할 수 있는 걸 찾기 위해 현재 국립외교원인 당시 외교안보연구원 외국어 교육과에 자원했는데, 6개월간 일하며 리더십과 외교 역량을 키우기도 했습니다. 꿈과 비전은 바로 생겨 이뤄지기도 하지만 그렇지 않은 경우도 있어요. 씨앗이 자라듯 꿈이 실현되는 데 시간이 걸리기도 하고 싹을 틔우지 못할 수도 있지만 좌절해선 안 된다고 생각합니다. '삼수'의 과정은 꿈과 비전의 씨앗이 성장하듯 꿈을 위해 도전하면 된다는 걸 알려줬습니다.

- 외교관 은퇴 후 '농업전도사'가 됐다고 하시던데요.

"농업전도사, 유라시아 전도사, 지속가능발전목표(SDG) 전도사가 됐습니다. 농업전도사란 말은 농림부가 저한테 한 말이고, 유라시아 전도사는 2014년 한 경제지와 인터뷰를 한 뒤 기사에서 언급된 말입니다. 그중 농업전도사가 된 건 자연스러운 일이었어요. 저는 어릴 때 고향인 함양에서 어머니 농사일을 도우며 자연의 변화를 경험했습니다. 철없던 시절 도시의 삶을 부러워한 적도 있지만, 지금은 자연 친화적 성품을 준 시골이 나에게 축복이었음을 잘 알고 있습니다.

서울로 올라와 잊고 있던 농업의 가치를 다시 인식한 건 2007년 카자

이양구 대사

흐스탄에서 근무하면서에요. 카자흐스탄의 농토는 한여름 밤 원두막에 앉아 망을 보던 수박밭과 큰 차이가 있었습니다. 워낙 광활하니 토지 단위부터 달랐어요. 러시아에는 이런 말이 있어요. '40도 술이 아니면 술이라 말하지 말고, 영하 40도가 아니면 추위라 말하지 말며 4000㎞ 가 아니면 거리라고 말하지 말라.' 저는 하나를 더 붙이고 싶습니다. 4만ha 땅이 아니면 땅이라고 말하지 말라는 것이죠. 참고로 우리나라에서 제일 큰 땅이 2만8000ha인 김제평야입니다. 카자흐스탄도 다르지 않았습니다. 그래서인지 제가 구축한 프로젝트는 '100만ha 프로젝트'였어요. 100만ha는 100억㎡이고 약 30억3000평입니다.

농업의 실크로드 비전을 구체적으로 세우게 한 건 러시아 블라디보스토크와 우크라이나에서입니다. 농업을 에너지 환경 의료와 물류로 연결하는 멀티 실크로드로 확장시켰어요. 카자흐스탄, 우크라이나, 러시아 등 대규모 영토가 있는 나라들을 연결해 농업 벨트를 만들어 농사를 지으면 우리나라는 AI 빅데이터 스마트팜 등 과학 기술을 지원하는 방식입니다. 농산물을 가공해 부가가치를 올릴 뿐 아니라 신재생 에너지, 바이오, 물류 등 새로운 영역까지 연결할 수 있었어요."

- 국제연합(UN)의 지속가능발전목표(SDGs)가 삶에서 또 하나의 터닝포인트가 되었다구요.

"인생의 전환점은 신앙을 갖게 되거나 사람을 만나고 고난을 겪을 때, 혹은 새로운 이슈나 어젠다를 만났을 때 찾아오는 것 같습니다. SDGs

우크라이나 대사로 임명된 첫해인 지난 2016년 4월 이양구 대
사가 오데사를 방문해 이 지역 자랑거리인 오페라 극장 앞 태극
기를 단 대사 차량 앞에서 사진을 찍은 모습.

란 UN이 2016년부터 2030년까지 국제사회와 지속가능한 발전을 달성

하기 위해 세운 공동 목표입니다. 빈곤 · 질병 · 교육 등 인류의 보편적

문제와 환경문제, 경제 · 사회 문제 등 17개 분야를 채택했죠.

이양구 대사

저는 퇴임하고 잘 아는 인적자원(HR) 회사 대표를 통해 SDGs 참여를 권유받게 되었어요. 자비를 들여 HR과 비즈니스 등 두 개의 SDGs 마스터플랜도 만들었습니다. 이후 SDGs와 관련해 UN조달기구(UN-OPS)와 활동하고 지역발전에도 참여하게 됐어요. 지난해 경상국립대에 합류한 뒤로는 대학 차원의 SDGs 확산에도 힘쓰고 있습니다.

무엇보다 한국은 SDGs가 가장 필요한 나라입니다. 학자들은 서쪽으로 우크라이나, 동쪽으로 한국을 제3차 대전이 일어날 수 있는 '화약고'라고 부릅니다. 지정학적 리스크가 큰 한국이 SDGs를 이끌어야 하는 건 SDGs 실행 이유인 5P를 전 세계에 심을 수 있어서입니다. 5P는 번영(Prosperity)·평화(Peace)·지구(Planet)·사람(People)·파트너십(Partnership)으로, 전쟁을 막고 평화를 만들면서 균형적인 발전을 가능하게 합니다.

그런 이유로 저는 SDGs를 하나님의 작품이라 생각합니다. 5P엔 인류의 보편적 가치, 나눔과 섬김, 사회적 가치 등 성경적 메시지가 담겨 있어요. 이해관계가 다양한 UN 국가들이 어떻게 SDGs를 어젠다로 채택했을까 싶을 정도입니다. 그래서 기독교인들이 선교적 사명감을 갖고 SDGs를 실천하는 데 앞장섰으면 하는 바람도 있습니다."

- 2022년 2월, 러시아가 우크라이나를 침공했을 때 많이 놀라셨을 것 같습니다.

"사실 그 이전에도 러시아의 우크라이나 침공 가능성은 있었지만, 국지전 정도였지 전면전을 예상한 사람은 없었습니다. 잠자리에 들었지만 잠을 이룰 수 없었어요. 당시 제가 할 수 있는 건 출석하고 있는 교회 목사님께 우크라이나를 위해 기도해 주시고 가능한 지원 방안을 찾아 달라는 문자를 남기는 것뿐이었습니다.

외교관으로 가장 오랜 기간 근무한 러시아와 외교관 생활의 마침표를 찍은 우크라이나가 전쟁을 하고 있다니. 아무리 생각해도 이해가 되지 않았습니다. 그때 이승만 초대 대통령의 이야기가 떠올랐습니다. 그는 시대적인 크고 작은 사건을 성경적 관점에서 본다고 했어요. 그래서 저도 성경적 관점에서 사건 사고를 보려고 했습니다. 작은 사건도 아닌 세계적인 사건이니 분명 하나님의 큰 그림이 있을 것이라는 확신이 들기 시작했습니다. 처음엔 하나님의 '빅픽처'가 무엇인지 전혀 감을 잡을 수 없었는데, 며칠 지나지 않아 조금씩 하나님의 큰 그림이 보이기 시작했어요.

당초 러시아는 3~4일이면 우크라이나를 완전히 점령할 것으로 예상했는데, 예상은 완전히 뒤집혔어요. 우크라이나의 결사 항전이 시작됐고 서방 국가의 지원이 계속 이어졌습니다. 러시아는 우크라이나를 침공함으로써 자유 민주주의와 인류 보편 가치에 도전했습니다. 이는 성경적 가치에 도전한 것으로 연결되고, 하나님이 이를 통해 역사하신다는 걸 깨닫게 됐습니다. 하나님이 우크라이나의 자유민주주의 발전을 이끄시면서, 동시에 잠자고 있는 유럽을 깨우신 것이죠. 저는 하나님이 우크라이나를 통해 자유민주주의를 러시아로 확산시키는 것은 물

이양구 대사

론, 중국과 북한까지 확장하려는 게 아닐까 하는 생각이 들었습니다.

그러면서 출애굽기 14장 말씀이 떠올랐어요. 이집트를 탈출한 이스라엘 민족은 절체절명의 위기를 마주했죠. 뒤에선 바로와 그 군사가 쫓아오는데 앞에는 홍해가 있었어요. 바로를 보며 푸틴이 떠올랐습니다. 완악하게 고집을 부리며 하나님께 도전하는 바로의 모습에서 푸틴이 오버랩됐어요. 2022년 3월 6일 사랑의교회에서 우크라이나를 위한 대규모 연합 기도회가 있었는데, 저는 이 자리에서 8분간 출애굽기 말씀과 함께 간증했습니다. '우크라이나 사태는 하나님의 신적 개입이 있습니다. 바로처럼 푸틴 대통령의 마음을 완악하게 하는 것도 하나님이십니다. 이 사건을 잘 처리하면 홍해의 기적이 될 수 있습니다. 반대로 잘못 처리하면 아마겟돈의 서곡이 될 수 있습니다'라고 말했어요."

- 전후 우크라이나 재건을 위해 많은 활동도 하신 걸로 압니다.

"현재(2022년 6월) 미국의 바이든 행정부는 '뉴마샬'이라는 이름으로 우크라이나 전후 재건을 이야기하고 있습니다. 마셜 계획은 2차 세계대전 이후 유럽의 황폐화된 동맹국을 위해 미국이 계획한 재건, 원조 계획이죠. 우크라이나도 국제사회에 재건 방식을 제안했어요. 각 나라가 특정 도시나 주를 전담, 재건하는 방식입니다. 이미 영국은 키이우주, 벨기에는 니콜라예프시 재건을 고민하고 있습니다. 우리나라 역시 재건 사업에 참여하면서 자연스럽게 전후 질서를 정립하는 데 동참할 수 있어요.

저는 우크라이나가 한국을 국가 발전 모델로 삼고 있는 만큼 한 지역에 '리틀 코리아'를 만들었으면 좋겠다 싶었습니다. 우리나라의 역량을 고려해 정보통신기술 기반의 스마트도시 스마트공장 스마트농장 중심의 도시를 재건하는 것이죠. 정부와 공기업 민간기업 NGO가 팀 코리아를 구축하면 시너지를 발휘할 수도 있습니다. 1만명 평화봉사단 파견, 10만 서포터즈를 확보해 제2 태안반도의 기적을 만들자는 구상입니다.

여기서 한국교회와 기독교 단체의 역할도 기대할 만합니다. 2007년 태안 앞바다 기름유출 사고 때 한국교회가 보여준 사회적 기능을 생각하면 이해하기 쉽죠. 고아와 노인 등 소외당한 이웃을 도왔던 한국교회의 역량이 우크라이나 재건에 필요하리라 생각합니다. 한국전쟁 당시 국제사회의 지원을 받았던 대한민국이 국제사회를 돕는 기회가 되는 동시에 전 세계 국가들과 파트너십을 구축하는 효과도 기대할 수 있습니다.

그렇게 저는 우크라이나가 이상적인 전후 복구 모델이 됐으면 합니다. 동시에 우크라이나가 우리와 좋은 친구가 됐으면 해요. 우리나라는 최근 폴란드 헝가리 등 동유럽 국가를 유럽 진출의 전초 기지로 삼았는데, 이들보다 매력적인 나라가 우크라이나예요. 유럽 시장과 육로로 이동할 수 있고 유럽과는 자유무역협정(FTA)이 체결돼 관세 부담도 덜 수 있습니다. 저렴한 인건비에 비해 IT 등 신기술에 대한 이해도도 높아요. 여기에 우크라이나는 곡물부터 원자재까지 원료 조달이 자체적으로 가능합니다."

이양구 대사

- 세 자녀를 결혼시키고 '믿음의 일가'도 잘 이루셨다고 들었습니다.

"돌이켜보면 살면서 가장 잘한 일 두 가지가 있는데, 하나는 하나님을 믿은 것이고 나머지 하나는 제 아내와 결혼한 것입니다. 아내에겐 늘 고마움과 미안함이 있어요. 외교관은 명암이 엇갈리는 삶을 살거든요. 다양한 환경에서 생활한다는 좋은 점은 어둠이 되기도 합니다. 아내는 그 명암의 삶을 저 때문에 함께했습니다. 제가 직장에 있는 동안 아내는 낯선 외국에서 단조롭고 제한적인 생활을 했어요. 그럼에도 아내는 가정에 신경을 못 쓰는 저를 대신해 줬습니다.

1남 2녀, 세 아이의 아버지란 점도 감사한 일입니다. 저는 유일하게 있었던 형님이 일찍 서울로 가면서 늘 혼자 집에 있었습니다. 어릴 때부터 결혼하면 자녀가 많았으면 좋겠다는 소망을 가졌어요. 그래서 저에게 아이들은 하나님이 주신 축복이었지만, 반대로 아이들은 외교관 아버지 때문에 어려움이 많았습니다. 특히 전학을 밥 먹듯 했어요. 말이 전학이지 나라를 옮겨 다녔습니다. 새로운 문화와 언어 환경에 적응하는 건 아이들에게 생존의 문제였겠죠. 그럼에도 아이들은 아버지의 직업을 이해하며 낯선 환경에 잘 적응해 줬습니다. 외교관 생활 36년 중 10년을 떨어져 살았는데 이마저도 이해해 줬으니까요.

무엇보다 믿음의 일가를 이룰 수 있었습니다. 지난해 막내딸이 결혼하면서 10명의 대가족을 이루게 됐습니다. 결혼식장은 제가 1993년 열정을 갖고 성경 공부하던 국립외교원이었어요. 그곳에서 저는 결혼식 인사말을 하며 아브라함의 5가지 축복을 말했습니다. 자녀와 땅의 약속, 이름을 창대케 하리라는 약속, 하나님이 동행하겠다는 약속, 복의 근원이 되겠다는 약속입니다. 우리 가문이 이런 축복을 누리기를 바란다고 전했어요.

사랑의교회를 만난 것도 하나님 은혜입니다. 사실 노마드처럼 이 나라, 저 나라에서 사는 외교관에게 모(母) 교회 개념은 없었어요. 사랑의교회를 알게 된 건 모스크바행 도전이 연달아 실패하던 1993년입니다. 살고 있던 집의 전세 계약 기간이 끝나고 당분간 살 집을 구하던 중 지인인 한 교수님에게 옥한흠 목사님 이야기를 들었습니다. 그렇게 옥 목사님을 따라 교회 인근 집을 구했고 6개월 뒤 모스크바로 떠나게 됐죠.

사랑의교회를 다시 만난 건 1996년부터 미국 LA 총영사관에 근무할 때에요. 출석하게 된 남가주사랑의교회 담임목사님이 지금의 사랑의교회 담임인 오정현 목사님이었습니다. 자연스럽게 모 교회가 된 사랑의교회는 외교관의 역할을 존중해 줬습니다. 블라디보스토크 총영사 때부터 나를 전문인선교사로 파송했어요. 우크라이나 대사로 갈 때도 마찬가지였습니다. 네덜란드 수상이자 신학자였던 아브라함 카이퍼는 자신의 책 '영역 주권'에서 각자의 직업과 일이 선교라고 했습니다. 저 역시 외교는 선교였어요. 덕분에 나는 전문인선교사의 사명감으로 외교에 임할 수 있었습니다."

- 마지막 남은 인생의 목표가 있으시다면.

"돌이켜 보면 저는 외교관이라는 소명을 평생 품고 살았고, 하나님은

이양구 대사

이양구 대사는 믿음의 일가를 이룬 건 하나님의 축복이라 말했다. 이양구 대사 부부와 세 자녀 부부, 손주 등 10명의 대가족이 함께 찍은 사진.

그 세월을 통해 제 마음에 유라시아라는 지역을 주셨으며, 그 안에서 꿈·비전·아이디어를 키우게 하셨습니다. 지금은 민간인이지만 외교관 시절 하나님이 마음에 주신 지역과 그 지역을 향한 비전을 품고 일하는 걸 보면 은퇴 준비는 꽤 잘했나 싶습니다.

　이제 저는 우크라이나의 전후 복구를 비롯해 유라시아 지역의 꿈과 비전, 아이디어를 실현하는 '청서'를 기록하려고 합니다. 농업전도사, 유라시아 전도사, 지속가능발전목표(SDGs) 전도사의 삶은 청서의 한 페이지를 장식할 것 같습니다. SDGs와 농업을 통해 남북과 러시아를 넘어 유럽과 아시아를 연결하는 멀티 실크로드를 구축한다면 얼마나 멋질까요. 무엇보다 한국은 실크로드의 구축에 중요한 역할을 하리라

희망합니다. 숱한 고난과 시련의 역사를 거치며 많은 노하우도 축적됐습니다.

세계적인 국제정세분석가인 조지 프리드먼은 역사상 가장 중요한 10년을 2011년에서 2020년이라 했지만 저는 2021년에서 2030년이라 봤습니다. 코로나19와 우크라이나 전쟁, 미중 패권 경쟁, 기후변화 등 대전환기를 맞은 시기죠. 격동의 시기엔 본질을 붙들어야 합니다. 저는 그 본질이 신앙이라고 생각해요. 저 역시 인생의 근원은 신앙이었고 가치를 구분하는 기준도 신앙이었습니다. 신앙을 통해 돈·권력·명예의 가치 대신 나누고 섬기는 가치를 우선순위에 두게 됐습니다.

가끔 이런 상상을 해요. 성경 말씀 마태복음 25장에서 주인이 종에게 맡겨 놓은 달란트를 결산할 때처럼 나중에 하나님을 만나 내 인생을 정산할 때 나는 고개를 들고 당당히 하나님 앞에서 결산할 수 있겠느냐는 상상이에요. 외교관 시절 해외 공관 임기를 마칠 때면 결산을 내는 나름의 방법이 있었는데, 복귀하는 비행기를 타는 것입니다. 모스크바 근무를 마치고 비행기를 탔을 때도, 블라디보스토크 총영사 임기를 마치고 비행기를 탔을 때도 저는 뿌듯함을 느꼈습니다. 우크라이나 대사 임기를 마치고 서울로 오는 비행기를 탔을 때도 마찬가지였어요. 뿌듯함을 느꼈다는 건 최선을 다했다는 뜻입니다. 최선은 아니라 차선만 했어도 큰 후회는 없었습니다. 그런 의미에서 최선 혹은 차선의 삶을 기록한 백서와 앞날을 기록할 청서는 아마도 하나님 앞에서의 결산을 위한 기록이 되지 않을까 싶습니다."

이양구 대사

이양구 대사에게 배우는
홀리 인사이트(Holy Insight)

1. **집요한 성경 공부를 통해 말씀을 내재화하고, 매일 말씀을 통해 세상을 보라!**

- 이 대사가 외교관으로서 국제 정세와 세상의 흐름을 읽고 활약할 수 있었던 것은 철저한 성경 공부를 통해 성경적인 관점과 세계관을 먼저 가졌기 때문이다. 그는 30여 년간 매일 아침 Q.T도 빼먹지 않고 꼼꼼하게 하면서 하나님의 인도하심을 말씀을 통해 구했다.

2. **인생의 고난과 역경 앞에서도 '삼수 정신'으로 주님을 신뢰하며 계속 도전하라!**

- 이 대사는 대학 입시부터 삼수를 했고, 원하던 러시아 서기관도 세 번 만에 성공했다. 그는 한 번에 성공하지 않는 '비주류'의 삶을 살아왔지만, 이를 기회로 삼아 더욱 분발해 더 좋은 성취를 결국 이뤄냈다. 하나님은 '삼수'의 과정을 그를 더욱 강하고 겸손하게 만드셨다.

3. **자신의 직업과 일에서 '영역 주권'의 사명감을 갖고 일터 선교사로 살아가라!**

- 이 대사는 교회에서 전문인선교사로 파송을 받고 자신의 일인 외교를 하나님의 일인 '선교'로 생각하고 36년간 충성스럽게 일했다. 전문인 선교사의 사명감이 그의 인생을 주님 앞에서 축복되게 이끌었다.

- 1976년생
- 씨엔티테크㈜ 대표이사/ CEO(현재)
- 크리에이티브컴즈㈜ 대표이사/ CEO(현재)
- 전화성통신연구소㈜ 대표이사/ CEO(현재)
- 한경잡앤스토리 대표이사/ 부사장(현재)
- KAIST 최고벤처경영자과정 9기 수료
- 연세대 프렌차이즈최고경영자과정 12기 수료
- 모범중소기업인상(중소기업청, 2013)
- 청년기업인상(2012)
- YWCA 돌봄과 살림 운영위원(2009.3~현재)
- (군)군무원 임용고시 출제위원(2006)
- (군)육군본부 정체단 프로그램 운영장교(2004.7~2007.6)
- 유망정보통신기업상(정통부, 2003)
- 산자부 장관상(신기술 평가대회, 2002)
- 유망중소기업상(대전시, 2002)
- KAIST 경영자과정 최고 논문상(2002)
- 음성정보처리협의회 운영위원(2001~2002)
- SL2 주식회사 CEO(2000.3 ~2003.5)
- 한국무선인터넷백서 집필위원(소프트뱅크, 2000)
- KAIST 전자전산학 전산학 전공 석사(2001.2)

하나님이 쓰신 사람 / 경영 분야

전화성 대표

'합력해서 선을 이루심' 경험한 청년 기업가의 멘토

2000년 KAIST에 학내벤처 열풍이 거세게 불었다. 교수뿐만 아니라 학생들의 대화에도 '창업' 주제가 빠지지 않았다. 당시 KAIST에서 전산학을 전공했던 한 청년은 학술대회 발표 자리가 열리면 줄곧 '돈 될(?) 기술'을 소개했다. 그리고 창업 시장에 출사표를 던졌다. 그가 바로 대학원생 신분으로 처음 'KAIST 학내벤처 1호'를 탄생시킨 전화성 씨엔티테크(현재) 대표다.

당시 25살의 나이에 음성인식기술업체 '에스엘투'(SL2)를 창업했다. 에스엘투의 초창기 기술력이 인정받으면서 수많은 투자자가 투자에 나섰다. 설립 2년 만에 연매출 50억 원을 달성하며 탄탄대로를 달렸다. 하지만 기업의 지분에 문제가 생겼다. 일이 꼬이기 시작하며 결국 전화성 대표는 경영권을 잃고 자신이 창업한 회사에서 쫓겨나고 말았다.

그러나 그는 아픔을 딛고 다시 일어나 2003년 재창업에 나섰다. 외식 주문중개 플랫폼 기업인 '씨엔티테크'를 창업했다. 씨엔티테크는 피

전화성 대표

자 · 치킨 · 햄버거 등 외식 브랜드의 배달 주문을 IT 기술로 대행하는 기업이었다. 그러나 그는 두 번째 창업에서도 다시 어려움에 마딱드리게 된다. 기업의 역량에 비해 처음부터 너무 많은 직원을 고용해 경영에 어려움이 오게 된 것이다. 폐업 직전의 위기에서 빚만 수억 원이 남게 됐다. 그러나 그는 포기하지 않도 다시 돌파구를 찾아 나섰다. 그가 내린 답은 '현장'이었다. 당시 씨엔티테크의 적자 문제를 해결하기 위해 직접 직원들과 함께 직접 배달 주문을 받으며 현장 업무에 집중했다. 현장의 비효율 시스템을 해결하는 소프트웨어를 개발하며 하나둘씩 문제를 풀어나가기 시작했다.

창업 초기에는 '피자 시장'에 몰두했던 씨엔티테크는 점차 영역을 '치킨 시장'까지 확대하기 시작했다. 피자와 치킨 시장이 비슷할 것이라는 예상이 빗나가며 또 다른 위기에 직면하게 됐다. 전 대표는 자신이 직접 치킨 매장을 운영하며 문제의 원인부터 분석하기 시작했다. 두 시장의 차이를 현장에서 찾아내 해결하기 시작했다. 이런 과정을 통해 결국 씨엔티테크는 '외식 주문중개 플랫폼' 시장에서 96%의 압도적인 시장 점유율을 차지하게 됐다. 이제 1588이나 1688로 시작하는 대표번호 콜센터나 인터넷 · 모바일 주문은 모두 씨엔티테크를 거친다. 성공 · 실패 · 재도전의 산전수전을 겪으며 그는 어떤 어려움과 역경에도 굴하지 않고 전진하는 '기업가 정신'을 체득하게 됐다.

"씨엔티테크라는 회사 설립 자체가 하나님과 함께하는 '동행'이었습

2022년 4월 기자와 만난 전화성 대표는 "하나님은 저와 함께 하시면서 저를 통해 선한 영향력을 나타내 주시는 분"이라고 말했다.

니다. 하나님은 지금도 외롭지 않게 저와 함께 동행해 주시는 분입니다. 19년을 그렇게 해 주셨고, 앞으로도 계속 사업을 할 것 같은데 30~40년 간 동행해 주실 분입니다. 저와 함께 하시면서 저를 통해 선한 영향력을 나타내 주시는 분입니다."

크리스천 기업가인 씨엔티테크 전화성 대표는 지난 2022년 4월 기자와의 인터뷰에서 자신의 하나님은 '동행의 하나님'이라고 밝혔다. 19년의 사업기간 동안 온갖 일을 다 겪으면서 결국 '합력해서 선을 이루시는 하나님'을 만났다는 그는 "크리스천 기업가들은 늘 지켜보고 계시고 기도와 대화 상대가 되어주시는 하나님을 의지해 합력해서 선을 이루신다는 믿음으로 결국 성공할 수 있다"며 이 시대 크리스천 청년 기업가들에게 용기를 북돋워 줬다.

국내에서 '1588 전화번호' 개발자로도 잘 알려진 전 대표는 자신이 창업해 푸드테크 플랫폼 시장에서 압도적인 시장점유율을 기록하며 성장해 온 회사 씨앤티테크를 이제 다시 기적처럼 국내 최고의 액셀러레이팅(창업투자 및 보육) 전문 기업으로 만들어 가고 있다. KAIST 전산학 석사 출신의 수재인 그는 어떻게 크리스천이 되었고, 사업의 영역에서 어떻게 하나님을 깊이 만나게 되었을까. 기자가 직접 물었다.

- 억울한 일을 당하면서 하나님을 만나게 되셨다고 들었습니다.

"현재 운영 중인 씨앤티테크가 두 번째 회사인데, 제가 만들었던 첫 번째 회사에서 2003년도에 이사회에서 해임이 됐습니다. 그냥 군대 문제 때문이었어요. 당시에 '홧병'이 나서 병원에 입원을 했었는데 마음의 병이었기 때문에 아무리 병원에 있어도 낫지 않았죠. 당시 병원 원장님이 장로님이셔서, 교회도 나가보게 되었습니다.

처음 갔던 날 목사님께서 로마서 말씀을 나눠주시면서 '십자가의 도'에 대해 설명하셨어요. 두 달 정도 그 교회를 계속 갔는데 계속 로마서 내용이었습니다. 그러다가 저에게는 십자가의 도가 없다는 걸 깨달았습니다. 내 것을 가지려는 욕구를 억누르고 주님 곁으로 다가가는 게 십자가의 도인데, 저한테는 회사를 만들었다가 없어졌던 것이 어려운 마음이었지만 십자가의 도를 통해 마음이 해방되게 되었어요.

그 후로 교회에 가면 마음이 너무 편하고, 집에 오면 힘들고 그랬습니다. 그래서 어쩔 수 없이 교회에 가 있는 시간을 늘렸습니다. 모든 예배를 다 참석했어요. 신앙생활을 그렇게 시작했어요. 주변에서 보기에는 광신도라고 했습니다.(웃음) 늘 성경을 들고 다니며 읽었어요. 그때가 28살이었습니다."

- 이후 군에 입대 하셔서도 하나님을 깊이 만나셨다고요.

"전산장교로 지원해서 3개월 정도 장교가 되는 훈련을 먼저 받았는데, 맨날 새벽기도를 다니다가 군대에 딱 입대하는 순간 종교 활동을 못하게 하니까 교회를 못 가게 됐어요. 2주 동안 교회를 못 갔어요. 민간인을 갑자기 군인으로 바뀌게 하는 과정은 굉장히 험난해요. 엄청 힘들었거든요. 근데 교회를 안 가니까 2주 동안의 원래 그 죄의 본성이 막 올라오는 거에요. 그리고 2주가 지나고 첫 주일에 교회를 보내 줬었는데 그때 갑자기 너무 따뜻한 마음이 생기면서 원래의 저로 돌아오더라구요. 그래서 그때 얼마나 예배가 중요한지, 주기적인 예배를 통해 십자가의 도, 나를 스스로 계속 죽여 나가는 것이 얼마나 중요한지를 크게 경험을 했습니다.

- 군대에서 의도치 않게 주목 받게 되셨다고 들었습니다.

"제가 군에 갈 때 국방일보에 기사가 좀 났었어요. 원래 사실 제가 군대에 간 것은 '조국을 위해서 모든 걸 내려놓고 가야지'라고 해서 간 건 아니었어요. 그런데 국방일보에 '한 벤처 기업인이 조국을 위해 모든 걸

전화성 대표

다 내려놓고 군대를 갔다' 이렇게 기사가 난 거에요. 그러다 보니까 자대배치 첫 임지가 육군본부 였습니다. 거기에서 소프트웨어를 개발하는 장교로 자대배치를 받았는데 배치를 받자마자 육군 참모총장님의 지시사항을 받았어요.

근데 지시사항이 그냥 한 줄 이에요. '중대급 부대일지를 전산화 할 것.' 이게 끝이에요. 그래서 제가 상급자에게 '전산화를 구체적으로 어떻게 하라는 이야기입니까?'라고 질문을 했다가 혼났어요. '알아서 해야지...'라고. 그래서 중대에 가서 부대일지가 뭔지를 봤더니 이게 거의 책이더라고요. 맨날 8페이지씩 쓰고 그걸 행보관이 결제를 하고 중대장이 결제하고 하는데 조작이 많습니다. 예를들면 총알을 잃어버렸는데 은닉하고 이런게 되게 많아요. 그래서 그런 사고를 막기 위해서라도 전산화가 필요했구요. 그리고 당시에 수기로 쓰는 게 되게 힘들었습니다. 저는 그 육군 참모총장님의 지시서를 받고 어떻게 할지 고민했어요. 저희 과장님은 15일 후에 보고하라고 하셨구요. '군대가 정말 빡쎄구나. 이거를 15일 만에 만들라고 하다니'라는 생각을 하며 처음에 겁이 많이 났습니다."

- 어떻게 해결을 하셨나요.

"그때 제가 당시 육군본부에 배치받자 마자 제일 먼저 했던 게 새벽기도 다시 시작했어요. 매일 새벽에 기도하고 부대에 나오면 아침 7시 정도 됐거든요. 그러면 되게 맑은 정신으로 개발을 시작했어요. 원래 이런 전자결제를 동반한 어떤 소프트웨어를 15일 만에 만드는건 어려운 일인데, 당시 육군 전군이 '아래 한글' 소프트웨어를 쓰고 있었고, 한글 소프트웨어에 있는 많은 기능을 차용할 수 있는 기법이 있었습니다. 그래서 그걸 활용해서 아침에 기도 하고 오전에 개발하고, 기도하고 개발하고 그렇게 15일 만에 개발을 했어요.

어떤 소프트웨어가 나왔냐면 한글 소프트웨어 같은 곳에 이제 막 일지를 씁니다. 그 일지도 처음부터 쓰는 게 아니라 전날 일지를 불러와서 고치듯이 쓰고, 전자결제를 하면 이미지로 바뀌는 거죠. 그래서 조작이 불가능 하게 됐습니다. 그렇게 개발해서 저희 과장님께 보고하고 제가 시연을 했더니 '아니 계획을 보고 하라고 했는데 다 만든 거야?' 이렇게 물어보시는 거예요. 그러고는 조금 있다가 원스타이신 저희 처장님 방으로 불려가서 또 보고를 하고 시연을 했어요. 그리고 좀 있다가 다시 부장님실에서 연락이 왔어요. 부장님은 투스타 시거든요. 결국 참모총장님 보고까지 끝나고 그다음에 바로 전군 전력화로 실행이 됐습니다.

15일 만에 만든 소프트웨어가 전국 전력화가 됐다는게 너무 기적같은 일이잖아요. 저는 그때 이건 제가 한 게 아니라는 확신이 들었어요. 사실 저는 소프트웨어 사업을 일찍 시작한 것이지 좋은 개발자는 아니었거든요. 그런데 처음에 참모총장님으로부터 저 지시사항이 내려왔고, 저 혼자 개발하려고 했었때도 '이것을 내가 어떻게 할 수 있을까'란 두려움이 있었지만 그럴 때 저는 항상 교회에서 해결을 했었어요. 새벽기도가서 기도하고 오면 하나씩 해결하고, 기도하고 해결하고 했더니 이

전화성 대표

전화성 대표는 '2019 벤처창업 진흥유공 포상 시상식'에서 벤처 활성화 부문 대통령 표창을 받기도 했다.

소프트웨어가 나온 거에요."

- 그런데 원래 개발자로서도 역량이 탁월한 편이셨던 건가요.

"아니요. 원래 저는 소프트웨어 개발을 잘못한다는 약간의 마음에 '핸디캡'이 있었어요. 그런데 군대에서 '부대 전산화' 사건 이후 제 자신이 굉장히 자랑스러워졌습니다. 그런데 이 자랑스러움이 저 스스로 한 게 아니라 새벽기도 끝나고 성령충만한 인사이트로 하나 하나 풀어 가는 것에 대한 확신이 있었던 것이죠. 그리고 이런 것들을 누구한테 얘기 해주고 싶었어요. 때마침 주변에서 '전 소위 이거 어떻게 개발한 거야? 나 소프트웨어 개발 좀 알려줘.' 이렇게 도움을 요청하며 많은 분들이 저를 찾아왔어요. 그분들께 제가 뭐라 그랬냐면 '이건 제가 한 게 아닙니다. 새벽기도를 하고 7시에 나오면 성령충만 해져서 굉장히 빨리 개발할 수 있었습니다.' 이 얘기를 진지한 표정으로 했어요. 그 전에는 저는 전도할 생각을 감히 못했어요. 왜냐면 저도 초신자였거든요. 그 당시에도 교회에 간지 1년 남짓 밖에 안 됐었어요.

그런데 그 일로 저를 통해 교회에 가던 분들을 많이 보게 된 거죠. 그래서 저는 그때 그 15일간의 그 느낌, 어떤 힘든 상황이 있더라도 그때 15일 동안의 새벽에 기도하고 해결책들을 계속 찾아갔었던 그 느낌을 지금도 잊지 않으려고 하고 있습니다. 사업을 하는 사람들은 힘들지 않은 순간이 없거든요."

— 제대 후 사업 과정에서도 '합력해서 선을 이루시는 하나님'을 만나게 되셨다고요.

"제가 군에 있는 동안 회사가 빚을 많이 지는 상황에 이르렀어요. 회사를 만들 때 처음에 세운 가설이 무너졌기 때문입니다. 혁신 하지 못했고, 집안 빚이 결국 몇억이 생겼어요. 그래서 군 생활을 하면서 주말마다 집에와서 일을 했습니다. 저희의 분야였던 주문전환과 홈페이지 주문 등은 좋은 사업이었지만 혁신이 안 된 상태라 발전이 없었습니다. 그래서 제가 소프트웨어를 기반으로 매주 문제점들을 해결해 나가기 시

전화성 대표

작했습니다. 그렇게 주말마다 혁신활동을 매주 해 나갔어요.

군 생활에 몰입해 월~금은 군대에서 격리된 상태로 있다가 주말에 와서 사업이 돌아간 걸 다시 보고 하니까 눈에 착착 들어왔습니다. 밑바닥까지 간 사업을 다시 끌어올리는 재미가 있었습니다. 그렇게 반복하다가 전역을 했더니 회사가 어느정도 정상화가 됐고, 이제 영업만 잘해서 시장만 넓혀가면 되겠다 싶었는데, 웬걸요. 한 대기업이 저희 시장에 진출했어요. 다시 위기를 느꼈지만, 결국은 긍정적 효과로 나타나서 저희 사업이 더 잘 되게 되었어요."

- 위기가 결국 전화위복이 된 것이었군요.

"네 맞아요. 결론적으로 군대에서 빚에 쫓기며 적자로 굉장히 어려운 상황에서 혁신을 했고, 대기업이 들어오니까 시장 자체가 커지면서 회사가 단단해지고 넓어진 시장에서 그간 갈고 닦은 좋은 기술로 대기업이 철수할 때는 시장에서 과점을 할 정도로 장악하게 됐어요. 밑바닥을 찍고 다시 바로잡는 이 과정이 업었다면 결국 대기업과 경쟁해서 졌을 것입니다. 이런 것들은 사람이 계획하기는 정말 어려운 경험들 입니다. 군대에 가자마다 군 목사님이 해 주셨던 합력해서 선을 이루는 기도를 이뤄주신 하나님께 감사할 수 밖에 없었죠."

- 그러다가 현재의 엑셀러레이터(Accelerator) 사업을 또 성공적으로 하고 계십니다.

"사실 엑셀러레이터 사업은 기부의 형태로 2012년도에 처음 시작했어요. 사람들은 저희 사업 과정을 보면서 '전화성 대표가 되게 전략적이다. 굉장히 공격적으로 해서 시장을 치고 올라간다'고 이야기 하지만 사실 저는 옛날과 똑같습니다. 엑셀러레이터 사업에 집중하게 된 것도 사실은 코로나가 터져서 주력하던 해외사업을 어쩔수 없이 줄이면서 회사의 미래 성장을 위해 온 힘을 쏟을 수 있는 옵션이 엑셀러레이터 밖에 없었습니다. 그런데 이것도 결국 협력해서 선을 이루시는 하나님이 풀어가시는 일이었던 거죠."

- 요즘 엑셀러레이터 투자문의는 어느 정도 들어오나요.

"오늘 하루 만에도 지금까지 투자 메일이 7개가 와 있어요. 지난 한달 간 134개의 투자문의가 왔어요. 많은 스타트업들이 저희를 찾고 있습니다. 계속 펀드를 늘려가고 있어요. 사실 지금은 다른 사업을 할 여유가 없습니다. 많이 찾아오니까 더 투자할 수 밖에 없어요.

특히 TIPS프로그램(민간투자주도형 기술창업지원) 투자를 받은 사람들은 다 간절한 분들이다 보니 책임감을 갖고 하다 보니 그동안 한 번도 안 떨어지고 24연승을 했습니다. 대기록이죠. 그런데 이런 대기록이 나온 게 제가 잘해서 나온 게 아니라, 어쩔 수 없는 환경 속에서 군복무시 부대일지 전산화를 해냈던 것처럼 '그분'이 해 주신 것입니다. 이 신화는 결국 하나님이 만드신거에요.

엑셀러레이터 사업을 하면서도 한 번도 해보지 않았던 금융업 등을

　　　　　　　　　전화성 대표

새로 공부하면서 해야 했는데 이렇게 업계에서 최상위권까지 갈 수 있던 게 저희 힘이 아닌 것 같습니다. 주님 안에서 항상 합력해서 선을 이루는 믿음이 회사 직원들 간에도 공유가 되어서 가능했던 것 같아요. 저희가 19년이 넘은 회사인데, 이렇게 오래된 회사가 스타트업 생태계의 최전선에서 투자와 보육업을 하는 것은 정말 어려운 일이거든요.

서비스업체 기반 회사가 바닥부터 시작해서 결국 엑셀러레이터로 210개 투자를 성공시켰습니다. 신생 엑셀러레이터들 중 유학파나 쟁쟁한 분들도 많은데 저희처럼 굉장히 오래된 회사가 오래된 조직 그대로 TIPS 통과율도 절대적으로 높다는 것은 정말 기적적인 일입니다."

- 크리스천으로서 엑셀러레이터 사업을 어떤 관점으로 보고 계신가요.

"'스타트업'은 안정화 단계에 접어든 중견기업과 비교할 수 없이 큰 '리스크(위험)'를 딛고 고속 성장이 가능하도록 '설계'된 곳입니다. 그 과정을 '빌드업'할 수 있게 돕는 것이 엑셀러레이터의 역할이죠. 지금 이 순간에도 셀 수 없이 시장에 나오는 창업자들과 그들이 지향하는 사업 영역의 성장 가능성을 분별해 투자하는 일은 상상 이상의 통찰이 필요한 작업입니다.

그런데 저에게는 투자를 하고 스타트업 기업을 육성하는 과정의 모든 순간이 합력하여 선을 이루시는 하나님을 발견하는 일이에요. 엑셀러레이터가 가진 사회적 가치는 '좁은 길을 헤쳐가는 금융업'이란 사실이죠. 이건 결국 크리스천 기업가 정신이 있기 때문에 가능한 것입니다."

- 영화감독으로도 활동하고 계신 것으로 압니다.

"청년실업을 다룬 영화 '스물 아홉 살'로 지난 2011년 영화감독으로 입문했습니다. 같은 해 한국 스키 역사와 계보를 다룬 스키 다큐멘터리 '겨울냄새'도 제작했구요. 이듬해인 2012년에는 다문화 가정 이주민 여성 등의 시민단체 활동을 담은 '사랑을 말하다' 작품을 선보였어요. 또 국내에 체류 중인 조선족과 한국인 문제를 대담형식으로 풀어낸 '한민족 그리고 조선족', 탈핵을 주제로 만들어진 '불의 날, 생명을 말하다' 등 5편의 작품을 연달아 만들었습니다. 물질적 기부를 뛰어넘어 약자의 삶을 조명하는 영화로 재능기부를 이어가고 있습니다."

- 회사 입구 쪽에 써서 붙여놓으신 기도문이 많이 회자되고 있습니다.

"대기업과 장기적 경쟁을 대비하기 위해 사옥을 짓기로 했는데, 건물을 다 지을 때쯤엔 대기업이 철수해 버려서 우리는 더 강해졌습니다. 그 건물 전체에 직원들이 결국 꽉찰 정도로 성장했죠. 그래서 너무 감사한 마음의 감동이 있어 기도문을 썼고, 회사 문 앞에 붙였습니다.

'거룩하신 하나님, 이 땅에 주님회사 씨엔티테크를 세워주시고, 선한 기업이 주님이 주신 사업으로 승리할 수 있음을 증거 하기 위해 주님이 우리와 함께 일하시니 감격합니다. 성령의 도우심으로 이 회사에 정의가 강물같이 흐르게 하옵소서.

풍성한 물질의 복을 주시고, 그 선한 물질이 세상에 주님을 증거 하는 빛과 소금의 역할되게 하옵소서. 회사의 리더에게 항상 성령 충만한 지

전화성 대표

씨엔티테크 사옥 입구에 붙어 있는 기도문. 전화성 대표가 직접 쓴 것이다.

혜와 용기 그리고 겸손함을 허락하시고, 모든 임직원은 서로의 눈물을 닦아주며, 생명의 노래를 부르는 선한 공동체로 늘 깨어있게 하옵소서.

우리의 손을 잡으시어 좁은 길을 걸으며 하나님 나라의 새 역사를 꿈꾸게 하옵소서. 예수 그리스도의 이름으로 기도 드립니다. 아멘.'

이런 내용인데 처음에 직원들은 우려를 했어요. 기독교인이 아닌 거래처 사람들도 많이 오는데 별로 안 좋게 볼 수 있다는 거죠. 하지만 기도문을 붙이고 벌써 13~14년이 지났는데, 그 기도문이 저희 회사의 가장 큰 힘인 것 같아요. 그 기도문을 보고 실제로 교회를 간 직원도 있었고 교회 다니다가 신앙이 약해진 거래처 분들도 그 기도문을 보고 관심을 갖거나 이야기를 먼저 꺼내거나 하는 일도 많았습니다."

- 이 시대 크리스천 스타트업 기업가들에게 선배로서 조언을 하신다면.

"22년째 기업가로 살고 있는데, 사실 때로 너무 외롭고 힘듭니다. 기업가는 직업 중에서도 가장 외로운 직업인 것 같아요. 많은 기업가들이 여러 방법으로 그 외로움을 극복하는데, 제일 안 좋은 방법이 '술'입니다. 하지만 크리스천 기업가들은 그런 안 좋은 방법이 아니라 주님과의 동행, 늘 지켜보고 계시고 독려하고 계시고, 기도와 대화 상대의 상대가 되어주시는 하나님이 있으시지 않습니까.

저는 크리스천 기업가들이 늘 신앙 자체를 힘들다고 멀리하기보다, 오히려 힘들수록 더 신앙심에 의존해 기업을 해 나가는 것이 좋다고 생각합니다. 일반 스타트업보다 크리스천 스타트업 기업들이 더 유리하다고 생각해요. 외로움을 덜 느끼기 때문이죠. 늘 주님과 동행할 수 있다는 장점을 가져가는 것이 가장 중요합니다. 그러기 위해서는 '결국 하나님이 합력해서 선을 이루셨구나'하는 감사의 마음을 가져야 해요. 결론적으로 뒤돌아보고 하나님께 계속 감사할 것을 찾는게 중요합니다. 계속 감사하는 마음을 이어가면 신앙도 결코 약해지지 않습니다. 주님과 동행하는 것과 함께 감사하는 습관이 가장 중요합니다.

제가 스타트업 기업가들과 면담을 굉장히 많이 해요. 그리고 면담을 하고 제자리에 오면 그때 저도 굉장히 큰 외로움을 느낍니다. '아 나는 누구랑 면담을 하지?' 그러면 이제 하나님이랑 면담 하는 거죠. 항상 힘

전화성 대표

들지만 늘 옆에 그분이 계신다는 그 믿음, 그게 저를 외롭지 않게 만들었습니다.

사실 힘들고 지치고 외로울 때 감사한 마음이 안 되잖아요. 그런데 그럼에도 불구하고 기도하고 하나님이 합력해서 선을 이루시는 과정을 다시 상기시키고, 제가 지금도 그 과정에 있다는 믿음으로 감사하는 마음을 품으면 하나님이 옆에 계신 것을 느낄 수 있고 결코 외롭지 않아요."

- 대표님은 요즘 어떤 부분이 하나님 앞에서 가장 감사하신가요.

"창업부터 현재까지 저희 회사가 맡은 분야에서 선한 영향력을 발휘할 수 있도록 해 주신 것이 가장 감사합니다. 저에게 신실한 친구가 하나 있는데 데이비드 킴이라는 친구예요. 스탠포드 출신의 변호사이자 기업가이고 선교활동도 하는 친구인데 2013년에 처음 만났을때 저한테 그랬어요, '한국에 엑셀러레이터는 크리스천이 많이 없다. 그런데 너희 회사가 엑셀레이터 사업으로 우뚝설 것 같다'고요.

당시엔 제 귀에 전혀 안 들어왔습니다. 그런데 놀랍게도 그 친구가 한 이야기가, 그 기도가 지금 이루어진 것 같아서 정말 감사합니다. 결국 인간이 세우는 계획은 아무 의미가 없다고 생각해요. 늘 현재에 감사하면서 충실하게 살아가는 것이 좋은 것 같습니다."

- 이 시대 크리스천 청년들에게 어떤 메시지를 전하고 싶으신가요.

"청년들이 코로나 때문에 어느 때보다 더 힘든 시기를 겪었습니다. 저도 청년 시절 사업을 하는 과정에서 고난의 연속이었어요. 그런데 그럴 때마다 저를 붙들어 준 것은 결국 합력해서 선을 이루시는 과정으로 인도하시는 하나님에 대한 믿음이었습니다. 이 시대 청년들도 그런 믿음을 가지고 직접 뭐든 경험을 해 보는게 필요하다고 생각합니다. 한 번이라도 그 과정을 경험해 보면 다음에 또 그런 과정이 와도 믿음으로 승리할 수 있거든요.

저는 창업을 해 놓고 군대에 가는 바람에 부모님이 빚을 수억을 졌었고, 그걸 극복하려고 만든 기술이 대기업과 경쟁에서 이기게 했습니다. 또 해외가 길인 줄 알고 몰입하다가 코로나가 터지는 바람에 지금의 엑셀러레이터 사업에 몰입을 하면서 성과를 크게 낼 수 있었습니다.

이처럼 고난은 결국 하나님께서 선을 이루어 가시는 중요한 과정일 뿐입니다. 이런 믿음을 잃지 않으면 결국 분명히 극복할 수 있을 것이라고 생각해요. 인생의 어느 시기를 걸어가든 외로움과 고독함에 빠져 고통스러운 순간들이 찾아오곤 해요. 하지만 그 순간이 하나님과의 동행을 체험할 수 있는 최고의 기회인 거죠. 하나님과의 기나긴 동행을 이룰 수 있는 방법은 '매 순간 감사를 놓지 않는 습관'과 '모든 것이 합력하여 선을 이룰 것에 대한 믿음', 이 두 가지로 정리할 수 있습니다. 청년들에게 이걸 꼭 전하고 싶습니다."

전화성 대표

전화성 대표에게 배우는
홀리 인사이트(Holy Insight)

1. 억울한 일을 당했을 때 세상에 하소연하지 말고 주님께 나아가 위로받아라!

- 처음 창업한 회사에서 억울하게 쫓겨났을 때 전 대표는 교회에 나가 예배를 드리며 하나님을 만났다. 하나님은 그에게 평안을 주시며 마음을 치유하셨을 뿐만 아니라 그를 하나님의 사람으로 만들어 가셨다.

2. 하루의 첫 시간을 새벽기도를 통해 주님께 의논하고 지혜를 받아 일하라!

- 전 대표는 군대에서 불가능할 것 같았던 '부대일지 전산화' 업무를 15일간 새벽기도로 하나님께 먼저 첫 시간을 드리면서 맑은 영과 정신으로 하나님께 전략을 받아 실제적인 개발 성과를 이뤄냈다.

3. 현재의 삶의 어려움에 대해 불평불만 하지 말고 '합력해서 선을 이루시는 하나님'을 바라보며 감사로 나아가라!

- 전 대표는 어려운 일을 겪을 때마다 결국은 '합력해서 선을 이루시는 하나님'을 경험했고, 이를 통해 이후의 어려움도 하나님이 결국 하나님의 선한 뜻대로 해결하실 것을 믿으며 감사할 수 없는 상황에서도 감사했다.

- 1977년생
- 서울대학교 법과대학 졸업(2000)
- 서울국제법연구원 연구원 (2000~2005)
- 게임·IT 업계 회사 근무 & 창업 운영 (2006~현재)
- 트루스포럼 설립자 겸 대표(2017~현재)
- 서울대학교 법과대학 대학원 박사 수료(2018)

저서
- 사이버공격과 국제법상 무력사용에 관한 연구(2008, 논저)
- 박정희, 그리고 사람(2018, 공저)
- 트루스리뷰(2021)
- 유신 50주년, 그때 그리고 지금(2022, 공저)

김은구 대표

한국의 헤리티지재단 만드는
'기독 보수주의 다윗'

"하나님은 저의 '전부'이십니다. 사업을 하던 시절 고생하며 자살하신 분들이 이해가 되던 시기가 있었어요. 그러면서 정말로 '하나님이 왜 나를 만드셨을까'를 진지하게 고민했습니다. 그런 시간이 있었기 때문에 지금의 트루스포럼이 있을 수 있었습니다. 모든 사람의 인생 가운데 하나님의 목적과 계획이 있다고 저는 믿어요. 트루스포럼과 대한민국에도 하나님을 사랑하는 사람들의 사랑과 열정이 반드시 열매 맺게 될 날이 올 것이라 믿습니다."

2022년 4월 광화문에서 기자와 인터뷰를 진행한 김은구 트루스포럼 대표는 하나님을 '자신의 전부'라고 표현했다. 증조할아버지 때부터 4대째인 기독교 집안에서 태어나 은혜 은(恩)자에 구할 구(求)자, 하나님의 은혜를 구하며 평생 살라고 지어줬다는 '은구'라는 이름을 가진 그의 신앙에 걸맞은 대답이기도 했지만, 사실 그가 하나님을 깊이 만나고 자신의 부르심에 대해 깨닫게 된 것은 20대 후반쯤이었다.

김은구 대표

지난 2017년 2월, 서울대 박사과정에 재학 중이었던 김 대표가 박근혜 전 대통령 탄핵 사태의 문제점을 지적하는 대자보를 게시하며 지금의 '트루스포럼'이 시작됐다. 이후 유명 인사들의 강연과 참여로 이어지며 고려대 · 연세대 · 부산대 · 이화여대 · 한동대 · 총신대 등 여러 대학에 지부가 생기면서 현재까지 전국적인 단체로 성장해 왔다.

트루스포럼은 '기독교적 가치관을 중시하며, 대한민국의 자유민주주의와 자유시장경제 체제 지지운동을 하는 보수단체'다. 김 대표의 신앙과 함께 트루스포럼에 대해 기자가 직접 물었다.

- 언제 하나님을 처음 만나셨나요.

"모태신앙이라 어렸을 때부터 신앙생활을 하면서 교회도 계속 다니고 봉사도 많이 했었지만, 20대 후반에 하나님을 새로운 각도에서 만나게 됐습니다. 서울대 들어와서 신앙의 도전을 많이 받았어요. 크리스천이지만 술 마시는 분들도 많이 계시고, 이슬람과 기독교의 하나님을 같은 하나님이라고 말씀하는 분들, 자유주의 신학 영향을 받으신 분들, 사변적인 신앙에 빠져 계분 분들도 많이 만났습니다.

그때 하나님이 저한테 개인적으로 주셨던 말씀이 '하나님은 영이시니 신령과 진정으로 예배할지니라'(요 4:24)와 '내가 곧 길이요 진리요 생명이니 나로 말미암지 않고는 나올자가 없느니라(요 14:6)' 였어요. 그 말씀들이 정말 위로가 됐습니다. 당시 제 삶도 건조했었는데, '예수님께서 진짜 생명이시구나'라는 걸 알게 됐죠."

- 대학 졸업 후 소프트웨어 회사에 다녔다고 들었습니다.

"넥슨(Nexson)에서 일했었어요. 병역특례로 거기에서 근무했고 그것이 계기가 되어 게임·IT 업계에서 일을 하게 됐습니다. 법대를 가긴 했는데 원래 자연과학이나 공학을 하고 싶었어요. 게임 기획과 사업쪽 일들을 주로 진행했습니다. 나름대로 게임이 가진 커다란 영향력을 교육용 게임 개발 등으로 선용해보려 했는데, 비즈니스로 풀어내기는 쉽지 않았습니다. 대학 시절부터 계속 하나님이 저를 이 땅에 보내신 목적과 계획이 뭘까 고민하다가 신학을 해야 하나 생각하기도 했었어요. 금식도 많이 했습니다. 졸업을 하고서도 서울대학교회를 계속 섬기면서 외국인 유학생들을 전도하고 섬기고 했었습니다."

- 동성애 관련 이슈에 대해 문제의식을 갖게 된 건 언제부터인가요.

"대학에 돌아와서 2015년도에 동성애자 여학생이 총학생회장이 되는 걸 보면서 상당히 여러 가지 생각을 하게 됐습니다. 당시 제 석사과정 전공이 국제법이다보니 동성애 이슈가 한국에 도입이 되고 성적지향이 차별금지 사유로 들어오고, 수업시간에 동성애를 당연히 인권으로 전제하는걸 보면서 마음속에 갈등이 너무 컸습니다. 그런데 학내에서는 이런 분위기에 아무런 반대 목소리가 없었습니다. 하지만 성경 말씀은 동성애가 죄악이란 게 명확했어요. 심리적인 갈등이 상당히 커서 다시 대학원을 떠났다가, 결국 다른 목소리를 내야 하겠다고 생각해 2016년 2학기에 대학원으로 돌아오게 됐어요."

김은구 대표

- 서울대에서 이전에 다른 이슈들에 대해서도 문제인식이 있었습니까.

"저는 서울대에 입학한 후 운동권 선배들을 보면서, '대한민국에는 거짓말을 해서라도 국가를 전복하려는 세력이 있구나'하는 걸 확신했습니다. 1학년 때 한국사 수업에서 교수님이 '6.25는 남침'이라고 하니까 한 선배가 '남한의 북침'이라며 수업시간에 일어나서 소리를 치는거에요. 그런데 교수님이 대응을 잘못하시더라구요. 또 서울대 법대 광장에서 우연히 어떤 선배들이 이야기하는 걸 들었는데, 빨치산 선배를 만난 이야기를 하면서 '힘내라 혁명이 어려워 보이는데 결정적 순간이 오면 완수될 것이다' 이런 말을 하면서 격려를 하는거에요. 공개적인 장소에서요. 또 입학식도 하기 전 신입생 오리엔테이션을 하면서 의식화 교육을 했어요. 한국사회가 얼마나 썩었는지 토론하게 했어요.

나중에 러시아와 한국이 수교를 하면서 6.25관련 소련의 극비문서를 한국에 넘겨주면서 명명백백하게 6.25가 남침이라는 게 드러났어요. 당시 저도 뭐가 진실인지 몰라서 헤맸는데, 진실이 드러나 '자유'를 경험했습니다. 제 순진한 생각으로 당시 반대로 주장했던 사람들이 인정하고 사과할 줄 알았는데 그렇게 전혀 없었습니다. 6.25 북침 주장이 국군장병 선배들이나 참전용사들을 다 바보로 만드는 주장이었는데 사과하는 사람도 없고 정말 이상했어요. '광우병 사태' 때도 그랬어요. 그때 확신을 했습니다. '이들은 뭐가 진실이고 거짓인지를 중요하게 생각하지 않는구나'라는 걸요."

박근혜 전 대통령 탄핵사태를 계기로 2017년 4월 트루스포럼이 창립됐다. 2019년 5월 21일 트루스포럼의 '한미 자유우호의 밤' 행사에서 결의문을 낭독 중인 김은구 대표.

- 그러다가 트루스포럼은 처음에 어떻게 만들게 되신 건가요. 하나님의 인도함이 있었나요.

"동성애자 학생회장이 생기는 걸 보면서 이제는 학교에서 목소리를 내야겠다는 내면적인 확신이 들었어요. 후배들 몇 명을 데리고 처음에 '세이노(Say No)'라는 단체를 만들었습니다. 그리고 2016년 10월에 박근혜 전 대통령 탄핵사태가 터졌습니다. 어떻게 해야 할까 고민하다가 우선은 A4 10장짜리 탄핵사태에 대한 글을 썼습니다. 그걸 다시 2장으로 줄여서 결과는 하나님께 맡기고 대자보를 먼저 붙였습니다.

이후 많은 분들이 저와 함께 염려하시고 글을 보고 연락을 많이 주셨습니다. 그래서 처음에는 '탄핵반대 서울대인 연대'로 시작을 했습니다. 그리고 헌법재판소에서 탄핵이 통과될 거라고 생각을 안 했는데, 헌재

김은구 대표

에서 결국 정치적 판결을 했고, 진실을 알리는 창구가 있어야 되겠다 싶어 2017년 4월에 드디어 '트루스포럼'을 처음으로 만들게 된 것입니다."

― 트루스포럼이 표방하는 '기독교 보수주의'란 뭔가요.

"동성애자·탄핵 등의 이슈에 목소리 냈던 게 신앙적인 사명감이 있었기 때문인데, 탄핵사태를 계기로 만들어진 트루스포럼에는 정말 다양한 분들이 갑자기 모였습니다. 그래서 모임의 기본적인 가치 5가지를 정리했어요. ▲대한민국 건국과 산업화의 가치 인정 ▲북한의 해방 ▲굳건한 한미동맹 ▲탄핵사태의 문제점 인식 ▲유대·기독교 세계관에 바탕을 둔 기독교 보수주의 이렇게요.

시작할 때 트루스포럼을 '기독교적 가치관'을 존중해 운영할 것이라고 선포했는데, 시간이 지나다 보니 이게 결국 '기독교 보수주의' 더라구요. 미국에서 기독교 세계관을 가지신 분들이 보수주의를 표방하시는 것을 보면서 보수주의가 결국 하나님의 말씀, 인간에게 부여한 천부인권을 지켜내려는 '몸부림'이구나 하는 것을 알게 됐습니다. 그래서 2018년 6월경부터 트루스포럼이 기독교 보수주의를 공식적으로 표명하게 됐습니다.

결국 보수주의의 근원은 단순히 하나님의 말씀을 지키려는 사람들이 몸부림입니다. 무신론적 자유주의에 기반한 프랑스혁명에 대한 반성적 고찰에서 시작된 보수주의는 하나님의 말씀과 천부인권을 수호하기 위한 몸부림이었습니다. 그렇기 때문에 유대·기독교 세계관을 제외하고 보수주의를 말하는 것은 불가능합니다.

'프랑스혁명에 대한 성찰'이라는 글을 통해 정치적 보수주의의 기초를 다진 에드먼드 버크도 프랑스혁명을 지지하는 프라이스 목사의 설교가 성경의 보편적인 사랑의 정신에 위배 됨을 지적하며 논의를 전개하고 있습니다. 결국 기독교 보수주의는 성경적 세계관을 반영하려는 몸부림입니다. 본질은 하나님 말씀을 지키려는 몸부림입니다."

- 좀 더 구체적으로 이야기 해 주시겠습니까.

"기독교 보수주의는 하나님의 형상대로 창조된 인간의 존엄과 최후의 심판을 전제한 책임 있는 자유 그리고 거짓을 떠난 온전한 진리에 기반을 두고 있습니다. 인간 이성을 무한히 신뢰하고 이를 바탕으로 어떤 유토피아를 설계하기보다는, 인간의 부족함을 겸손히 인정하고 하나님께서 일하시는 영역이 존재함을 인정합니다. 선대의 경험을 존중하고 시장과 정책의 결과를 바탕으로 신중한 태도를 견지한다면 누구나 보수주의자라고 할 수 있습니다.

인간을 구조에 종속된 물질적인 존재로 보는 사람들에 대항해서 하나님의 형상대로 창조된 인간의 존엄을 천명하는 것이 바로 보수주의입니다. 인간의 자율성을 억압하고 사회적인 설계와 실험 아래 두려는 사람들에 대항해 하나님께서 인간에게 부여하신 책임 있는 자유를 선포하는 것이 바로 보수주의입니다. 거짓말을 전략적으로 이용하는 혁명가들과 기회주의자들에 대항해 진실의 가치를 수호하는 것이 보수주

김은구 대표

의의 기본정신입니다.

마르크스주의와 포스트모더니즘을 무분별하게 수용하고 있는 자유주의 신학은 인간의 이성과 감정, 경험을 바탕으로 성경을 재단하며 복음을 심각하게 왜곡합니다. 그리고 좌파 정치세력의 핵심 논리로 사용되고 있습니다. '퀴어신학'은 동성애를 정당화하는 방향으로 성경을 재단하고, '해방신학'과 '민중신학'은 약자에 대한 사랑과 배려를 하나님의 말씀보다 위에 두고 성경을 재단합니다. 이들은 하나님의 본체이신 예수님을 민중운동가로 둔갑시켜 버립니다. 민중신학이 기반하고 있는 민중민주주의는 김일성주의, 즉 주체사상을 지지하는 토대로 이용되고 있습니다.

이처럼 도를 넘어선 자유주의 신학의 폐해를 직시하고 바로 잡는 것은 대한민국을 비롯한 세계의 교회를 다시 세우는 거룩한 사명이라고 생각해요. 이건 우리 사회를 바로잡을 뿐 아니라 북한을 해방하는 숭고한 사명과도 직결된 문제입니다.

지금 한국교회가 직면하고 있는 차별금지법 문제도 동성애 이슈를 넘어서 결국 성경을 적극적으로 왜곡하는 자유주의 신학에 대항하는 싸움이라고 볼 수 있어요. 서구에서 진행된 동성애 합법화 운동은 현재 한국에서 거센 저항을 부딪치고 있습니다. 이는 하나님께서 동성애 이슈를 사용하셔서 도를 넘어선 자유주의 신학을 바로잡는 사명을 한국교회에 맡기신 것이에요. 저희 트루스포럼은 건강한 신앙과 유대-기독교 세계관에 바탕을 둔 '기독 보수주의'를 고수하며 이 싸움을 계속해 나가고 있는 것이죠."

– 대한민국 건국 대통령인 이승만 대통령의 '기독 입국론'과도 연계가 되는 건가요.

"이승만 대통령이 대한민국이라는 나라를 구상하면서 성경 말씀에 기반한 나라를 세우려고 정말 많이 노력했고. 대한민국 건국 정신을 '하나님을 의뢰하는 것'으로 삼았습니다. 실제로 초대 국회가 목사 국회의원의 기도로 시작됐습니다. 대한민국의 출발도 결국 하나님의 말씀을 붙잡고 몸부림친 사람들을 통해 시작된 '은혜'인 거죠. 대한민국의 축복이고 또 사명입니다.

그런데 대한민국을 부정하는 세력과 축복하는 세력의 전쟁이 지금까지 계속되고 있습니다. 대한민국은 친일파와 미국이 세운 나라라는 거짓말에 너무 많은 사람이 속아 왔어요. 대한민국이 하나님의 축복인 걸 모르면 복을 받을 수 없습니다. 각 나라에 하나님의 복이 되는 것이 대한민국의 사명입니다.

2차대전 후 격변의 세계정세 속에서 이승만 대통령을 비롯한 선각자들의 각고의 노력과 하나님의 은혜로 대한민국이 탄생했습니다. 북한과 달리 자유민주주의, 자유시장경제 시스템을 채택한 대한민국은 놀라운 경제발전을 이룩했어요. 경영학의 아버지 피터 드러커는 2차대전 이후 인류가 이룩한 가장 놀라운 기적은 한국의 경제발전이라고 언급하기도 했습니다.

김은구 대표

김은구 대표는 2022년 4월 기자와의 인터뷰에서 "트루스포럼은 건강한 신앙에 바탕을 둔 '기독 보수주의'를 고수하며 싸움을 계속해 나가고 있다"고 말했다.

하지만 이처럼 놀라운 대한민국의 이야기가 대한민국을 부정하는 사람들에 의해 악의적으로 왜곡되고 있습니다. 대한민국은 친일파가 미국에 빌붙어 세운 부정한 나라이며 태어나지 말았어야 할 나라였다는 자멸적인 거짓말이 북한에 근거를 두고 있는 좌익민족주의 사관과 전교조 교육을 통해 대한민국을 뒤흔들고 있습니다. 선배세대가 일궈낸 기적의 역사를 올바로 이해하고 진실 그대로 후대에 전하는 것은 바로 우리의 책임이라고 생각해요. 대한민국은 존재 자체가 하나님의 기적이고 축복입니다. 세계 가운데 하나님의 살아계심을 증거하고, 세상의 복이 되는 것이 대한민국의 사명이라고 믿습니다.

또한 전체주의 독재국가이자 우리의 동포인 북한의 해방 역시 우리

민족의 사명입니다. 이승만 대통령께서는 휴전협정이 체결되는 날, '북한동포 여러분 힘을 내십시오, 여러분들을 해방하고자 하는 우리 민족의 사명은 결코 잊혀지지 않을 것이고, 언젠간 완수될 것'이라고 말씀하셨습니다. 하지만 소련이 붕괴되고 남북화해 무드가 조성되면서 햇볕정책과 같은 친북 기조가 대세를 이뤘습니다. 이런 흐름 가운데 북한의 실상을 악의적으로 묵인하고 외면하는 안타까운 상황이 발생했습니다. 대한민국에 유래없는 종북정권이 탄생한 것은 결국 우리 민족의 사명을 잠시 잊었기 때문입니다."

- '기독교 사회주의' 개념에 대해서는 어떻게 생각하시나요.

"기독교 사회주의가 추구하는 방향보다, 그 방법론이 문제라고 생각합니다. 어려운 사람을 돕는 것과 서로 함께 더불어 사는 세상은 우리 모두의 꿈이죠. 인간의 선한 양심으로 남을 돕는 배려는 따뜻하고 아름다운 것입니다. 그러나 자발적 의사로, 하나님의 형상대로 창조된 인간은 자유 의지에 의해 책임의식을 가지고 돕는 게 중요합니다. 이를 교회가 적극 독려해야 한다고 생각해요.

다만 이건 건강한 자유민주주의와 자유시장경제 안에서만 가능하다고 봅니다. 예를 들어 만일 어떤 사람이 자유의지로 자신의 월급 50%를 어려운 사람에게 나눠 준다면 그것은 선한 도덕적 양심이고 격려받아야 할 일입니다. 그런데 기독교 사회주의의 문제점은 국가가 나서서 월급의 50%를 가난한 사람에게 줄 것을 법으로 강제해 버린다는 것입

김은구 대표

니다. 즉, 선한 도덕으로 남을 돕는 것은 독려받아야 하지만 이를 법으로 만들어 선한 양심을 '강제화'한다면 다른 문제를 발생시키게 되는 것입니다.

선한 양심을 일깨워 타인을 돕는 것은 자발적 의사에 따라야 합니다. 이를 법적으로 강제해 많은 폐단을 양산한 사례는 역사적으로 무수히 많아요. 소련, 쿠바, 중국 등 사회주의 기치를 내건 국가들이 실은 자유를 억압하는 독재 체제화된 역사가 이를 증명하고 있습니다. 기독교 사회주의도 이런 흐름을 따라가는 게 문제죠. 자발적 선한 양심을 사회주의 체제화해서 법적으로 강제하는 문제를 일으키게 됩니다."

- 트루스포럼이 기독교 보수주의를 표방하는 만큼 크리스천 회원들이 다수일 것 같습니다. 포럼 내 기도 모임도 있을거 같구요.

"코로나 기간 중에 매주 토요모임을 최우선적으로 진행했었는데요. 매월 첫째 주 토요일은 기도 모임으로 진행하고, 소모임에서 함께 찬양하고 기도하고 있습니다. 물론 그중 크리스천이 아닌 분들도 있는데, 개인적으로 가장 기쁠 때는 안 믿는 분들이 저희 모임에 와서 하나님을 믿게 되었다고 이야기하실 때에요. 정말 감사하고 보람이 있습니다. 반면 적응이 안 되서 떨어져 나가시는 분들도 있습니다. 결국 트루스포럼은 정치단체가 아니라 '하나님을 사랑하는 사람들이 대한민국에 있어야 할 목소리를 내기 위해 모인 모임'이라 할 수 있어요. 정치는 문화의 영향을 받고, 문화는 가치관에, 가치관은 세계관에 영향을 받는데 결국 그것을 결정하는 것이 종교입니다.

트루스포럼은 이런 지적토대를 바꿔내는 방향의 운동을 적극적으로 진행해 온 것이죠. 지적인 토대를 바꾸는 활동이다 보니 함께 공부하고 포럼을 진행하는 것입니다. 현재 회원은 30개 대학에 1200명이 공식회원으로 가입돼 있습니다. 이 가운데는 졸업생도 포함돼 있구요. 하지만 전체 네트워크는 5만 명 정도 됩니다. 대표자를 뽑지 않은 모든 출신대학을 정리하면 130개 정도 되구요."

- 현재 트루스포럼이 가장 주력하고 있는 활동은 어떤 건가요.

"조직을 탄탄하게 갖춰나가야 할 시점이 된 것 같아요. 그간 서울대 중심 활동과 부산지역 중심 활동이 활발하게 진행돼 왔는데요. 아무래도 캠퍼스에서 출발한 단체이다 보니 캠퍼스를 변화시키는 것이 가장 중요한 사역 중 하나입니다. 코로나 이후 캠퍼스에 기반을 둔 전국적 조직을 탄탄하게 정비하는 것이 최대 숙제입니다. 현재 20대 대학생 · 청년들 중심의 모임을 따로 가지고 있습니다. 그들이 관심 있는 주제로 강연도 하고, 교제도 하구요, 재학생들을 중심으로 함께 대자보도 만들어 붙이고 있습니다."

- 지금 이 시대 대한민국 대학생들에게 하나님이 가장 원하시는 것은 어떤 거라고 보시나요.

"세계 속의 '복'이 되는 것이 대한민국의 부르심인데, 그러기 위해서

김은구 대표

는 현재 진실과 거짓의 전쟁에서 먼저 이겨야 합니다. 저는 이게 지금의 청년세대가 감당해야 할 사명이라고 생각합니다. 그리고 이 모든 싸움의 근본은 건강한 신앙을 기반으로 해야 합니다.

지난 5년의 문재인 정권 기간이 하나님께서 대한민국의 거짓말을 일부러 모두 다 보여주신 시간이었습니다. 그렇게 드러내신 이유는 다가오는 통일에 합당한 대한민국을 준비시키기 위해서라고 생각해요. 이 싸움은 통일을 통해 북한의 주민들을 해방하는 것뿐이 아니라, 뿌리를 타고 들어가면 왜곡된 신앙을 바로잡는 것이기도 합니다.

'대한민국은 부정한 나라'라는 좌익 사상을 타고 들어가면 자유주의, 해방신학, 김일성 신학으로 들어갑니다. 결국 자유주의 신학과의 싸움이고 영적전쟁입니다. 이 전쟁에서 이전에 유럽교회는 무너졌고, 현재 미국도 열세입니다. 한국교회가 깨어나야 합니다. 잘못된 신학이 신학교 안에 퍼졌고, 교회들을 공격하고 있는데 그간 너무 소극적으로 대응해 왔어요. 앞으로 이 싸움을 싸워내지 못하면 대한민국은 정말 위태로울 것입니다."

- 트루스포럼을 지금까지 이끌고 오면서 하나님의 도움도 많이 느끼셨을 것 같습니다. 기억에 남는 간증이 있으시다면.

"제일 기억에 남은 건 트루스포럼을 처음 시작할 때, 크리스천이 아닌 서울대 친구가 조용히 찾아와서 저를 응원한다고 했을 때에요. 자기는 크리스천이 아니지만 나라가 어려울 때마다 크리스천들이 일어나는 걸 보니까 하나님이 진짜 계신 것 같다고 이야기 하더라구요. 그 친구 이야기가 많은 힘이 됐습니다.

트루스포럼이 벌써 햇수는 6년인데, 사실 그간 어려운 일들이 생각보다 많았습니다. 재정적인 어려움도 많았는데 후원은 적극적으로 모집하진 않았어요. 그런데 어려운 때가 되면 어떤 형태로든 길이 열리고 재정이 채워지고 하는 것들을 경험하면서 하나님께서 함께 일하신다는 개인적인 확신이 들어 여기까지 올 수 있었던 것 같아요."

— 96학번이시면 대학생 기반 청년단체 대표라고 하기에 적은 나이는 아닌 것 같습니다. 차기 회장이나 다음 세대 리더십에 대한 승계도 진행 중이신지요.

"사실 제 나이가 좌파에서 저를 공격할 때 뜨끔한 부분이긴 합니다. (웃음) 그런데 서울대교회를 대학 시절부터 20년이 넘게 다니면서 그간 우리나라 대학의 흐름을 봐 올 수 있었습니다. 하나님이 일부러 보여주신 것 같아요. 트루스포럼을 처음 시작할 때도 그간 하나님이 보여주신 것과 서울대학교회를 중심으로 쌓았던 대학생 동문 네트워크가 도움이 많이 됐습니다. 그리고 겁도 없이 대학 운동권 조직을 대항하는 게 쉽진 않았지만, 한편으로는 나이가 있으니까 겁내지 않고 과감하게 대항할 수 있었던 것 같습니다.

트루스포럼에도 이제 청년 스피커들이 세워지고 더 성장해 나가야 합니다. 대학의 리더들을 잘 세워내는 것이 트루스포럼의 가장 중요한 역할 중 하나입니다. 다만 조직의 구조를 어떻게 하는 것이 좋을지 고민

김은구 대표

2022년 8월 27일 트루스포럼이 잠실 롯데타워 오디토리움에서 개최
한 '보수주의 컨퍼런스'에서 발언 중인 김은구 대표.

중입니다. 장기적으로 트루스포럼을 '대학에 기반을 둔 행동하는 싱크
탱크'로 성장시켜 나가고 싶어요. 대한민국을 근본적으로 회복하고, 북
한의 해방을 준비하고, 변화될 중국을 대비하고, 왜곡된 복음을 바로잡
고, 대한민국이 하나님의 기적이며 세상의 복이 되게 하는 것이 저한테
는 인생의 사명입니다. 이것이 트루스포럼과도 하나로 연결돼 있습니
다. 거대한 영적전쟁과 연결돼 있는 주제들입니다."

  - 트루스포럼 이후 인생의 다음 활동 계획도 있으신가요. 예를 들면 직접
현실 정치에 뛰어든다거나 혹은 (대학생이 아닌) 시민단체 활동을 하신다
거나요.

"일단 저는 트루스포럼을 대학에 기반을 두긴 했지만 싱크탱크를 지향하는 '사회단체'로 이해하고 있어요. 미국의 헤리티지재단(미국의 보수주의 성향의 싱크탱크)처럼 성장했으면 좋겠어요. 그리고 그 안에서 제 역할을 계속 감당해 나가려고 합니다. 만약 정치권에 진입하는 게 개인적인 목적이었다면 야당의 비례대표가 될 기회는 몇 번 있었습니다. 그런데 저라는 한 사람이 정치권에 들어가는 것보다도 사회·문화적인 전체 토대를 바꿔내는 게 더 중요하고, 정치권에 쉽게 연루되면 저희 모임 자체가 지속되기 어렵겠다는 생각에 고사를 했어요.

30대 후반에 박사과정을 마무리하려고 다시 학교로 돌아와 사명감으로 지금까지 달려왔는데, 벌써 5년이 훅 지났습니다. 현재는 펀딩을 좀 여유 있게 받아서 조직을 키워나가야겠다는 생각을 하고 있습니다. 지금까지는 펀딩보다는 트루스포럼의 주요 가치인 5대 인식을 위주로 힘을 써왔습니다. 그 인식에 동의하는 친구들이 모이는 것이 당장 큰 펀딩을 받는 것보다 중요하다고 봤거든요.

이제는 원칙이나 가치, 이런 부분에 대해 트루스포럼이 명확하게 정리가 된 단계이기 때문에 청년들이 지속적으로 활동하기 위한 펀딩이 필요한 시점입니다. 자기 생활을 꾸려나가면서도 이런 일을 계속하기 위해서는 안정적인 재정이 필요할 것입니다. 구체적으로 어떻게 풀어낼지 계속 고민 중입니다."

김은구 대표

김은구 대표에게 배우는
홀리 인사이트(Holy Insight)

1. **하나님을 위해 목소리를 내야 할 때, 구체적으로 준비하고 담대하게 실행하라!**
   - 김 대표는 탄핵사태 때 서울대에서 목소리를 내야 한다는 내면적인 확신을 받았고, 구체적으로 글로 정리하고 요약해 과감하게 학내에 대자보로 붙였다. 그리고 이를 바탕으로 트루스포럼이라는 단체를 만들기에 이르렀다.

2. **어떤 모임을 하던 하나님을 높이고 영혼을 구원하는 것을 최우선 목적으로 삼아라!**
   - 트루스포럼을 만든 김 대표는 토요일은 기도 모임을 통해 함께 찬양하고 기도하는 시간을 가장 중요시했다. 정치적 성향도 있는 모임이었으나 안 믿는 사람들이 트루스포럼 모임에 와서 하나님을 믿게 되었을 때 그는 가장 감사한 마음과 보람을 느꼈다.

3. **하나님과 그의 나라를 위해 위대한 꿈, 실제적이고도 장기적인 꿈을 가져라!**
   - 김 대표는 장기적으로 트루스포럼을 미국의 헤리티지재단(미국의 보수주의 성향의 싱크탱크)처럼 성장시키고자 하는 원대한 꿈을 가지고 있다. 그리고 그 안에서 자신의 사명을 구체적으로 감당해 나가기 위해 노력하고 있다.

- 1971년 출생
- 세계리틀리그 월드시리즈 우승(1984)
- 청룡기 우승(1986)
- 전국소년체전 금메달(1986)
- 황금사자기 우승(1987)
- 화랑대기 우승(1988)
- 청룡기 준우승(1989)
- 신일고 야구부 졸업(1990)
- 홍익대 야구부 졸업(1996)
- 前 신일 중학교 야구부 감독
- 前 세계사이버대학교 야구부 감독
- 前 문경 글로벌 선진학교 야구부 감독
- 중앙신학대학원대학교 신학석사 전공(2008~2014)
- HBC 베이스볼 클럽 대표감독(2016.9~현재)
- 리커버리 야구단 감독(2019~현재)
- 육군사관학교 야구감독(2019.6~현재)
- 쉐마HBC(U16) 야구감독(2022.3~현재)

권혁돈 감독

야구(野球)로 복음전파 나선 다음세대의 선교사

...

"하나님은 제 삶의 모든 것 되시는 분이십니다. 어릴 적부터 언제나 제 마음의 중심이셨고, 하나님 없이 무엇인가를 생각하거나 행동하지 않았던 것 같아요. 그래서 하나님은 나의 알파와 오메가이십니다. 언제나 그분을 더욱 사랑하고 기쁘시게 해드리고 싶은 마음을 갖고 살아요."

2022년 5월 중순, 경기도 양주시 세움교회 1층 카페에서 만난 권혁돈 HBC(HIS BASEBALL CLUB) 총괄감독에게서 인터뷰 내내 마치 하나님에 대한 사랑이 절절이 흘러넘쳐 나오는 것만 같은 느낌을 받았다. 감독 25년 차에 세상적으로 풍족하게 살진 못했지만, 지금도 운동장에서 아이들에게 야구를 가르치는 것이 가장 즐겁고 행복하다는 사람이었다.

"하나님이 어느 날 문득 이런 질문을 하셨어요. '지금 네가 가지고 있는 행복 중 하나를 가져가고 물질을 준다면 너는 무엇을 포기하겠느냐'라고요. 그런데 바꿀 수 있는 게 하나도 없었어요. 그때 느낀 게 제가 세상에 부러운 다른 감독도, 부러운 가정도, 부러운 사람도 없더라구요. 나이가 50이 넘었는데도 지금도 애들이랑 장난도 많이 쳐요.(웃음) 아이들이 너무 예쁩니다. 야구장에 나가면 정말 기쁘고 집에 돌아가도 사랑하는 자녀들이 있어서 너무 감사한 인생입니다."

하나님 안에서 풍성한 행복을 누리는 삶을 사는 권 감독이 지난 2016년 창립한 HBC 야구단은 초등학교 1학년~중학교 1학년까지 연령대 학생들이 '성경적이고 행복하게 야구를 배우고, 야구를 통해 하나님을 알아가고 하나님의 사랑을 배우는 곳'이다. 또한 야구의 5대 정신인 희생 · 배려 · 협동 · 인내 · 예의를 성경적으로 가르치는 야구단이기도 하다.

HBC는 현재 경기도 파주 · 고양 · 일산 · 양주 지역을 대표하는 유소년 야구단으로도 자리매김 하고 있으며, 권 감독의 믿음의 동역자이며 전 한화 이글스 선수였던 한상훈 감독이 권 감독과 함께 학생들을 직접 지도하고 있다. HBC는 2022년 '제9회 국토정중앙 양구 전국 유소년 야구대회'에서 우승을 하기도 했다.

1984년, 대한민국 리틀야구 역사상 처음으로 대만을 꺾고 아시아 대표로 세계 리틀야구 대회에 출전해 우승했던 한국 대표팀의 4번 타자였던 권혁돈 감독. 이후 야구 명문 신일고의 4번 타자로 전도유망한 선수생활을 이어가다 대학 시절 갑작스러운 무릎부상으로 이른 나이에 선수생활을 은퇴하고 지도자 생활을 시작한 그의 인생을 하나님은 지금까지 어떻게 인도해 오신 것일까. 기자가 권 감독에게 직접 물었다.

- 어떻게 처음 하나님을 만나셨나요.

"어머니로부터 모태신앙이고, 외할머니부터 3대째 예수 믿는 가정에서 태어나 자연스럽게 믿음 생활을 하면서 언제나 하나님이 제 삶의 중심이셨습니다. 고1 때부터 매일 운동 마치고 난 뒤 30분씩 기도했고 방언도 받았어요. 이후 주님이 말씀을 많이 주셨고, 꿈을 통해서도 많이 보여주셨습니다. 이후 고3 때부터 확실한 성령충만의 삶을 시작했던 것 같아요. 그러면서 고3 때는 더 기도도 많이 하고 말씀도 더 많이 보면서 마음의 중심이 하나님께로 더욱 쏟아졌습니다."

- 신앙에 있어 어머니의 영향이 컸나요.

"제가 3남매 중 막내아들인데, 첫째 누나는 목사님 사모님이시고 매형이 이 교회(인터뷰 장소인 세움교회) 담임목사님이십니다. 둘째 형도 목사님이십니다. 저희 어머니는 3남매에게 늘 기도의 어머니셨어요. 늘 자녀들을 위해 기도하셨어요. 어머니의 기도가 없었으면 지금 우리 3남매는 있을 수 없습니다. 믿음으로 키워 주셨습니다. 지금도 매일 교회에 나와서 기도하십니다. 외할머니도 기도하는 할머니셨습니다. 어렸을 때 '눈 좋을 때 성경을 많이 봐'고 늘 말씀하셨었어요."

- 어머니 권유로 신학 공부도 하셨다 들었습니다.

"어머니가 제가 30대 후반쯤의 나이일 때 갑자기 부르시더니 '네가 야구로 선교로 하려고 하면 신학을 공부했으면 좋겠다'라고 하셔서 중앙

권혁돈 감독

신학대학원대학교(장로교 중신)에서 신학교를 나와 현재 출석 교회에서 중고등부 담당 전도사로도 섬기고 있습니다.”

- 선수시절에 운동을 하면서 신앙을 지키는 게 쉽지 않았을 것 같은데 비결이 있으셨나요.

“보통 고3 때 8월 시즌이 끝나고 그해 11월에 입학이 확정된 대학의 숙소로 미리 들어가는데, 제가 8월부터~11월까지 하루에 8시간씩 기도를 했어요. 새벽예배, 오전예배 참석하고 예배 말씀을 필사하고 은혜 받은 것 가지고 기도하고 이런식으로 새벽, 아침, 점심, 저녁까지 말씀 보고 기도했습니다.

이후 홍익대 입학 후에는 선배들이 있으니까 교회는 못 갔는데 잠자기 전에 묵상으로 1시간씩 기도했습니다. 조금 적응했을 때는 새벽기도도 다니기 시작했습니다. 신앙이 시들어진 선배 1명을 불러 방석을 사서 숙소 기숙사 보일러실에서 무릎 꿇고 둘이 기도했어요. 그러다가 홍대 야구부 예배 시간을 만들어 매일 예배를 드렸습니다. 나중에는 야구부 30여 명 중 16명이 예배를 드리게 됐어요. 그때 제 별명이 '권 목사'였습니다.(웃음)”

- 선수생활에 이어 감독 생활에도 역시 기도가 비결인가요.

“저의 힘은 기도에서 나옵니다. 요즘에도 아무리 바빠도 하루에 1시간은 기도하려고 해요. 그런데 제가 믿음이 좋아서 기도한다기보다 하나님이 기도할 수 있도록 도우시는 것 같아요. 기도할 수 있는 체력을 주신 것도 하나님의 은혜입니다. 우리가 믿음이 좋아서 기도하는 것이 아니라, 기도할 수 있는 복을 주신거에요. 처음에는 30분만 기도하다가 중보기도가 늘어났습니다. 감독이 되고 나서는 책임져야 할 아이들이 있고, 또 가정이 있으니까 천하보다 귀한 영혼들이 너무 많아서 더 기도하게 됐어요."

- 부상으로 이른 나이에 지도자의 길을 걷게 됐는데, 선수생활에 대한 아쉬움은 없으신가요.

"많지요. 아주 많지요. 신일고 4번 타자는 고교야구 최고의 타자 중 한 명입니다. 최고의 야구선수가 되고 싶었어요. 그러나 오랜 시간 저를 괴롭혀 온 무릎부상은 결국 이른 은퇴를 하게 만들었어요. 제가 대학교 3학년 때 군대 신체검사를 받으러 갔는데, 늘 아픈 무릎이 X-레이 상으로는 좀 희미하게 잘 안 보인다고 했어요. 그래서 CT를 찍었는데 뼈가 깨져 있는 거에요. 그런데 그 당시만 해도 아파도 정신력으로 참는게 좋은 선수로 인정받았어요. 그래서 아파도 참고 그냥 운동을 했었는데, 바보 같은 짓이었죠. 전문용어로 '박리성 골연골염'이라고 뼈가 깨져서 벌어지는 병이었어요.

그때 병원에서 의사 선생님이 하시는 말씀이 '이 다리로 어떻게 운동을 했냐'고 하시더라구요. '이대로 두면 나중에 제대로 걷기도 힘들어진다'고 하셨어요. 그 이야기를 들으니까 그다음 날부터 정말 운동을 못하

권혁돈 감독

지금도 아이들에게 야구를 가르치는게 가장 즐겁다는
권혁돈 감독은 아이들의 영혼을 위해 날마다 기도한다.

겠더라구요. 그래서 그때 수술을 하고, 대학교 3학년 때 야구를 그만두

게 됐죠. 덕분에 지도자의 길을 일찍 걷게 되었습니다. 그렇지만 서른

살이 넘어서까지 아버지께서는 현역선수로 도전해 보지 않겠냐고 하셨

습니다. 저도 저지만 아버지께서 너무 아쉬워 하셨습니다. 아버지께는

제가 불효자죠. 아버님은 저를 4번 타자로 만들어 주신 분입니다. 제가

중1 때부터 그 좋아하시던 테니스도 끊으시고, 하루에 500개씩 제 티배

팅 볼을 올려주시며 운동을 도와주셨어요."

　

　- 아내분과는 우여곡절 끝에 극적으로 결혼하게 되셨다구요.

"원래 아내와 동성동본입니다. 제가 안동권씨인데, 분위기가 상당히 유교적입니다. 저희 아버지가 종친회도 잘 나가시고 그러셨어요. 그래서 저희 집사람과 제가 사귄다고 결혼하고 싶다고 말씀을 드리니까 종친회에서 그 이야기를 하셨나봐요. 그러니까 그분들이 '그건 쌍놈들이 하는 짓이다'라며 절대 안 된다고 하셨다나 봐요. 그래서 그 이후로 아버지가 종친회를 못 나가세요. 원래 동성동본끼리 결혼 못 하는 법이 있었는데 97년도에 풀렸어요. 그런데 저희가 만난게 95년도이고 결혼은 2000년도에 했어요. 그 법 때문에 결혼을 못 하고 만나다 헤어졌다 하면서 마음 아파하고 있었는데 법이 풀린 거죠. 그럼에도 불구하고 저희 아버지는 처음에 반대를 하셨어요. 그래서 저희 어머니께서 지혜를 내셨어요. 어머니가 제 아내(권지영)한테는 '지영아, 너는 너의 아버지께 가서 법이 풀려서 우리 집(권혁돈네)은 허락을 하셨다고 해라' 그렇게 말씀하시고, 저한테는 '혁돈아, 너희 아버지한테는 지영이 아버지께서 허락을 하셨다고 말해라'고 시키셨어요. 그래서 그렇게 말씀드렸더니 양가 아버님들께서 '어 그래?' 하면서 결혼 허락을 해 주셨습니다."

- 감독님께 아내는 어떤 분이신가요.

"아내를 생각하면 제가 늘 미안한 마음이 들어요. 저희 집사람은 정말 행복한 가정, 정말 사랑받는 가정, 정말 부족함 없는 가정에서 태어나서 너무나 귀한 사랑을 받고 자란 밝은 사람이에요. 그런데 저를 만나서 고생을 많이 했어요. 저는 그런 아내를 얻기 위해서 20살 때부터

권혁돈 감독

배우자를 위해 기도했어요. 저는 어릴 때부터 야구 선교사에 대한 꿈이 있었기 때문에, 선교하려면 피아노 치는 아내를 맞았으면 좋겠다는 마음이 있었고, 또 순종 잘하는 밝은 사람, 이렇게 구체적으로 기도를 했는데 아내는 실제로 그런 사람이고, 하나님이 원하시는 곳이면 어디든 가겠다는 그런 마음을 가진 사람이에요.

개척자 야구 감독의 아내인 덕분에 숱한 어려움과 힘든 시간을 보내왔어요. 재정적인 어려움은 물론 아무런 연고도 없는 지방으로, 해외로 다니며 감당하지 않아도 될 일을 기꺼이 함께 헌신과 희생을 해 줬어요. 그렇게 함께 살아온 햇수가 벌써 22년이 됐네요. 이런 어려움 속에서도 저희 부부가 기뻐하고 감사할 수 있었던 것은 예수님의 사랑이 항상 우리의 삶을 안아주시고 품어주셨기 때문입니다. 힘든 것도 있지만 우리는 지금 너무 행복합니다. 사랑스러운 저희 세 자녀도 너무도 훌륭하게 잘 커주고 있고, 어느 부부보다 서로 아껴주고 사랑하며 지내고 있어요. 주신 것을 감사하며, 주실 것을 감사로 기대하는 우리 가정은 세상에서 부러워 할 것이 없는 부자 가정입니다."

- 25년째 유소년 야구 감독을 하는데, 처음부터 성경적인 야구를 추구하셨나요.

"처음 감독을 맡은 학교부터 계속 크리스천 학교에서만 야구 감독을 했습니다. 물론 대우는 열악했지만, 야구를 통해 '선교'를 할 수 있었기 때문에 감독직을 맡아 지금까지 하고 있습니다. 신일중학교 4년, 세계

사이버대학 6년, 한민대학교 2년, 글로벌 선진학교 6년, 그리고 현재의 HBC 야구단 감독 7년까지, 제가 야구 감독을 하는 이유는 오로지 영혼 구원을 위한 선교적 목표와 비전 때문입니다. 처음 감독을 시작한 1997 년 11월부터 훈련 시작 전 기도를 빼먹은 적은 단 한 번도 없었던 것 같습니다. 저에게 야구는 최적의 선교 도구입니다."

- HBC(HIS BASEBALL CLUB)은 처음에 어떻게 만들게 됐나요.

"2016년 9월에 유소년 야구단으로 시작하게 됐어요. 그 친구들이 중학교 입학할 때쯤 부모님들이 '크리스천 중학교 야구단이 있었으면 좋겠다'고 말씀을 많이 해 주셔서 중학교 야구단도 창단하게 됐어요. 그래서 지금은 유소년 야구단과 중학교 야구단을 함께 운영하며 8세~16 세까지의 친구들에게 야구를 통해 하나님의 사랑을 나누고 있습니다.

창단 당시 저는 문경의 글로벌 선진학교에서 한상훈 감독은 한화 이글스에서 갑작스레 나오게 되었습니다. 참 신기하게 하나님께서 몰아가시듯이요. 그래서 한 감독과 서로가 제일 행복하게 야구를 지도할 수 있는 연령대가 유소년 아이들이란 의견이 일치돼 HBC 유소년 야구단을 만들게 된 거죠. 사실 한 감독에게 예전부터 제가 말하기를 현역선수 생활을 최대한 오래한 뒤 꼭 같은 팀에서 같이 크리스천 지도자로 함께 사역하자고 이야기 했었습니다. 그 꿈이 이뤄진 거죠. 현재 중학교 야구부원도 15명 정도가 있고, HBC 1기 졸업생이 현재 고등학교 2학년에 재학하고 있습니다.

권혁돈 감독은 2022년 5월 기자와의 인터뷰에서 "HBC 야구단은 영혼구원이 가장 큰 목적"이라고 강조했다.

제가 신학교 다닐 때 한 교수님께 배운 것이, 18세 이전에 예수님을 만난 유소년들은 신앙을 인생 끝까지 유지하는 비율이 굉장히 높다는 것이었어요. 그래서 HBC 야구단을 통해 유소년 아이들에게 예수님을 소개하고 알게 하는 것의 중요성을 깊이 인식하게 됐습니다. 한국교회가 유소년 스포츠 선교에 대한 관심을 많이 가져주셔서 다음 세대를 힘차게 밀어주셨으면 좋겠습니다."

- 한상훈 감독은 권 감독님에게 어떤 분인가요.

"한 감독은 저의 제자이고 후배이기도 하지만 정말 귀한 사람입니다.

믿음의 동역자고 최고의 친구입니다. 저를 너무 잘 섬겨줍니다. 성향도 틀려요. 저는 '꿈꾸는 사람'인데 상훈이는 너무 비현실적인 것에는 '그건 아닌 것 같다'고 제동을 잘 걸어줍니다. HBC 야구단을 함께 운영하면서도 저희는 둘 다 동의하지 않는 것은 절대 진행하지 않습니다.

제가 신일고 코치를 맡을 때 선수로 처음 만났는데, 선수 시절 운동장에서는 최고의 '허슬 플레이어'(팀 사기를 올려주는 투지 넘치는 플레이를 하는 선수)로, 크리스천으로서는 절제된 생활로 항상 모범을 보였습니다. 원정경기에서도 늘 교회를 먼저 찾고, 경기에서 이기면 늘 먼저 그라운드에서 무릎 꿇고 기도하는 선수였어요. 저는 기억을 잘못하는데 한상훈 감독이 제가 코치인 시절에 자기에게 '상훈아 너는 꼭 야구 선교사가 되라'고 했다고 해요. 현재까지 7년째 함께 HBC 감독을 하고 있는데, 한 감독은 정말 지나면 지날수록 진국인 사람입니다."

- '성경적인 야구'라면 실제적으로 어떤 방식으로 훈련을 하는 건지 궁금합니다.

"저희는 우선 시작하기 전에 꼭 기도를 합니다. 다 같이 성경 암송을 2개를 하는데요 훈련 시작전에는 신명기 6:4~9절(이스라엘아 들으라 우리 하나님 여호와는 오직 유일한 여호와이시니 너는 마음을 다하고 뜻을 다하고 힘을 다하여 네 하나님 여호와를 사랑하라 오늘 내가 네게 명하는 이 말씀을 너는 마음에 새기고 네 자녀에게 부지런히 가르치며 집에 앉았을 때에든지 길을 갈 때에든지 누워 있을 때에든지 일어날 때

권혁돈 감독

에든지 이 말씀을 강론할 것이며 너는 또 그것을 네 손목에 매어 기호를 삼으며 네 미간에 붙여 표로 삼고 또 네 집 문설주와 바깥 문에 기록할지니라)을, 운동을 마치고 나서는 민수기 6:24~26절(여호와는 네게 복을 주시고 너를 지키시기를 원하며 여호와는 그의 얼굴을 네게 비추사 은혜 베푸시기를 원하며 여호와는 그 얼굴을 네게로 향하여 드사 평강 주시기를 원하노라 할지니라 하라) 말씀을 무조건 함께 외웁니다.

하나님 말씀에 순종할 때 복을 받는다는, 축복의 말씀을 암송하는 거죠. 그리고 야구의 5대 정신 구호를 외치고, 마지막으로 '구원은 오직 예수'를 함께 외친 뒤 경례하고 마칩니다. 특히 중요한 것은 어렸을 때부터 '구원은 오직 예수뿐이다'라고 외치게 하는 것입니다. 중학교 애들은 매일 성경통독도 함께 하고 있습니다."

- 지도자 생활을 하시면서 믿지 않은 아이들에게 복음도 많이 전하셨을 것 같습니다.

"신일고 코치 시절부터 선수들을 제가 다니는 교회에 출석시키고 함께 예배를 드리게 했습니다. 그때는 좀 강압적인 면도 있었던 것 같습니다.(웃음) 그렇게 해서 교회 데려간 선수 중 하나가 지금의 한상훈 감독입니다. HBC 야구단에서는 선수들뿐 아니라 부모님들까지 전도하는 경우도 있었는데 현재까지 그렇게 전도된 가정이 7~8가정 정도 됩니다.

제가 정말 중요하게 느끼는 것은 어릴 때부터 아이들에게 복음을 심어주면 커서도 예수님을 잘 떠나지 않는다는 것입니다. 한상훈 감독과 HBC를 '유소년 야구단'으로 만든 것은 그런 이유도 있습니다. 부모님이 전도되는 경우는 두 가지 케이스인데, 첫 번째는 저희 시합에 주일이 끼어 있는 경우 가까운 교회로 예배를 드리러 가는데, 이때 부모님도 함께 참석하셨다가 믿게 된 경우입니다.

두 번째는 다른 팀에 있다가 상처를 받고 온 우리 팀에 온 아이들이 있는데, 거기서 오는 상처들이 많아요. 이제 우리나라 학교 야구부에서 때리는 건 많이 없어졌지만 아직까지도 언어적인 폭력은 그대로 있거든요. 저희 팀에서는 야구를 못 한다고 해서 아이들을 혼내거나 때리거나 욕하거나 절대로 그렇게 하지 않아요. 시합장에서는 가장 중요한 게 긴장하지 않는 거에요. 감독님들이 화내고 그러시면 아이들이 긴장하잖아요. 그런데 우리는 못 해도 괜찮으니까 자신 있게 하라고 해요. 삼진을 당해도 헛스윙 삼진은 '오케이' 괜찮아요. 그런데 루킹(looking) 삼진, 공만 보고 들어오는 것, 이건 안 되죠. '넌 할 수 있어' 그렇게 말해주면 투수도 자신 있게 던지고요. '맞아도 돼. 안타 맞아도 괜찮아. 그냥 가운데 보고 강하게 던져' 그렇게 자신 있게 말해주면 그 자신감을 가지고 아이들이 행복하게 야구를 하는 거죠.

부모님들이 처음 저희 야구단에 그런 아이들을 데리고 오셔서 '우리 아이가 야구를 조금 못해도 괜찮습니다. 아이가 행복하게만 야구를 했으면 좋겠습니다' 이렇게 말씀하세요. 그때마다 저희는 '저희가 다른 건 약속은 못 하지만, 아이들이 행복하게 야구 하는 건 약속할 수 있습니다.

권혁돈 감독

우리는 아이들을 행복하게 가르칠게요. 대신에 부모님들도 하나님을 기쁘시게 했으면 좋겠습니다. 그래서 주일에 교회 나가셨으면 좋겠습니다'라고 말씀드립니다. 그렇게 전도가 돼서 교회 다니는 가정이 여럿 나왔어요. 그 중에는 제자훈련을 받으신 분도 있어요. 너무 감사한 일이죠.

한 달 전쯤에는 아빠만 예수를 믿고 엄마는 교회를 안 다니는 가정인데, 아이가 HBC에 오고나서 정말 행복한 모습으로 생활을 하니까 그걸 보고 '예수 믿어야 되겠다' 하셔서 어머니까지 예수님을 믿게 된 경우도 있었습니다. 아이가 행복해지고 가정이 복음화되는 것이죠. 사실 이것이 하나님이 HBC를 만든 목적입니다. 저희 야구단은 영혼구원이 가장 큰 목적이에요. 아이들에게 야구를 통해서 하나님의 사랑을 전하고 하나님의 말씀을 전하는 것이 우리의 비전이기 때문에 앞으로도 더욱더 지경이 넓어져서 정말 야구를 통해서 하나님의 말씀을 전하는 그런 팀이 되는 것이 바람입니다."

- 야구가 곧 전도, 선교의 도구라는 말인가요.

"원래 우리나라에 야구가 처음 도입된 건 1904년에 필립 질레트 선교사님이 선교 목적으로 도입하신 것입니다. 그래서 저는 항상 최초의 야구 도입 목적인 선교의 정신으로 돌아가야 한다고 주장해요. 그리고 사실 잘 보면 야구에도 기독교적 요소가 있습니다. 일례로 '희생'플라이 '희생'번트, '희생'타. 예수 그리스도의 '희생' 정신이 들어가는 것이죠. 그리고 베이스가 다이아몬드 모양인데 '본루'인 홈에서 시작해서 1루, 2

루, 3루 갔다가 다시 홈에 들어와야 승리할 수 있는 게임이잖아요. '본향'에 있다가 이 세상에 태어나 여정을 살다가 다시 '본향'으로 돌아갑니다. 가장 기독교적인 스포츠가 야구에요."

- 야구의 5대 정신도 대학감독 시절에 권 감독님이 처음 만드신 거라고 들었습니다.

"32살~39살까지 세계사이버대학에서 감독을 할 때 만들었어요. 희생 · 배려 · 협동 · 인내 · 예의 5가지인데, '희생'은 예수님께서는 십자가에 못에 막혀 죽으심으로 희생을 몸소 보여주셨기 때문에 내가 희생하면 '우리'가 살 수 있다는 의미, '배려'는 나보다 남을 먼저 생각해 주는 따뜻한 마음, '협동'은 서로가 협력하는 것은 태산을 넘게 하는 놀라운 힘을 내게 한다는 뜻이고, '인내'는 한두 번 참고 견디는 것이 아니라 모든 것이 끝나는 그 시점까지 인내하는 것을 의미하고, '예의'는 '예절은 법보다 강하고, 부족함을 관용케 하는 힘이 있다'는 뜻을 담았습니다.

예를 들어 좋은 투수가 있는 팀이 좋은 성적을 올리긴 하지만, 아무리 투수가 공을 잘 던져도 포수가 잘 잡아주지 않고 야수들이 뒷받침해주지 않으면 투수의 좋은 모습은 빛이 바랩니다. 또한 모든 수비 플레이에서 '콜 플레이'(동료 수비수에게 플레이의 방향을 일러주는 소리)하는 게 정말 중요한데, 그것도 배려고 협동이고 희생입니다. 플라이볼이 떴을 때 모두가 다 자기가 잡겠다고 하면 그 공은 아무도 잡을 수가 없어요. 그런데 서로 콜 플레이를 하면서 나보다 더 잘 잡을 수 있는 위치의 선수에게 배려

권혁돈 감독

해 주는 것이요. 그러니까 야구를 통해서 이런 것들을 배울 수 있는 거죠."

- '헐크' 이만수 감독님이 롤모델이라고 들었습니다.

"이만수 감독님은 제가 어릴 때 저의 야구 우상이셨죠. 존경하는 감독님이시기도 하구요. 한양대 4학년 선수셨을 때부터 좋아했고 삼성라이온즈도 감독님 때문에 좋아했습니다. 나중에 크리스천인걸 알고 더 좋아했구요. 개인적 인연이 된 건 감독님이 SK 감독을 마치시고 처음 재능기부 한 곳이 당시 제가 감독을 맡고 있던 글로벌 선진학교여서 일주일간 함께 지내면서 친하게 지내게 되었습니다.

이 감독님은 복음 전하는데 정말 관심이 많으세요. 현재는 동남아시아 라오스, 베트남 등 5개국에 야구협회를 직접 만드시고 야구로 선교

'헐크' 이만수 감독(오른쪽)과 권혁돈 감독.

활동을 하고 계십니다. 개인적으로 자주 통화도 합니다. 제가 감독님께 가장 부러운 것은 영향력의 크기에요. 그래서 제 아들들에게도 말합니다. '이왕 하나님 복음 전하는 사람 되기 위해서는 영향력 있는 사람, 더 많은 사람에게 지경이 넓혀지는 사람이 되라'고요. 야구 쪽에는 아직 크리스천들이 상대적으로 적습니다. 물론 제가 가르치는 아이들이 꼭 야구로만 성공하기보다 여러 분야에 진출해서 세상의 빛과 소금의 역할을 감당하는 사람들이 됐으면 좋겠어요."

- 재능기부도 하고 계시지요.

"현재 '리커버리 야구단'에서 노숙자나 은둔형외톨이 친구들에게 재활프로그램으로 야구를 가르치고 있어요. 한 달에 한 번 밖에 안 가지만, 저의 작은 재능기부가 그들에게는 큰 효과가 있습니다. 5149리그라고, '51% 건강한 사람들이 49% 도움이 필요한 사람에게 도움을 주는 야구리그'에요. 총재님이 이만수 감독님이고 총 6개 팀이 있습니다."

- 마지막으로 이루고 싶은 꿈이 또 있다면.

"우선은 HBC의 지경이 넓어져 야구를 통해서 하나님의 복음을 전하는 학생들을 키워내고 싶습니다. 그리고 '디딤돌 야구단'을 만들고 싶습니다. 고아들이나 세상에서 소외된 아이들에게 야구를 통해 예수님의 사랑을 전하고 예수님을 소개하고 예수님을 빛을 전하고 싶어요. 믿고 일어설 수 있도록 돕는다는 뜻에서 '디딤돌'이라는 이름을 생각해 뒀어요."

권혁돈 감독

권혁돈 감독에게 배우는
홀리 인사이트(Holy Insight)

1. **경제적인 풍요함보다 하나님 앞에서 매일 가슴 뛰는 일을 선택하라!**

- 권 감독은 25년간 유소년 야구 감독을 맡으며 경제적인 풍요함은 보장받지 못했지만, 하나님의 마음으로 야구를 통해 아이들에게 복음을 전하고 사랑하면서 매일 행복하고 후회 없는 인생을 살고 있다.

2. **하나님이 붙여준 동역자를 존중하고 협력하여 일을 해 나가라!**

- 이상적인 성향의 권 감독은 현실적인 성향의 한상훈 감독과 동역하며 '둘 다 동의하지 않는 일은 절대 진행하지 않는다'는 원칙을 지키고 있다. 또한 한상훈 감독이 그의 제자지만 겸손하게 섬기며 존중한다.

3. **하나님이 주신 재능으로 세상의 소외된 사람들을 돕고 복음을 전하라!**

- 권 감독은 HBC에서 마음의 상처를 입고 전학 온 아이들과 함께 노숙자나 은둔형외톨이 친구들에게 재활프로그램으로 야구를 가르치며 복음을 전하고 있다.

- 1957년생
- 제23회 사법시험 합격(1981)
- 서울지방검찰청 검사(1992)
- 법무연수원 교관(1994)
- 창원지방검찰청 통영지청 청장(1995)
- 사법연수원 교수(1997)
- 서울지방검찰청 북부지청 형사5부 부장검사(1999)
- 대검찰청 공안1과 과장(2000)
- 서울지방검찰청 컴퓨터수사부 부장(2001)
- 서울지방검찰청 공안2부 부장검사(2002)
- 부산지방검찰청 동부지청 차장검사(2003)
- 서울고등검찰청 검사(2004)
- 서울중앙지방검찰청 2차장검사(2005)
- 수원지방검찰청 성남지청 지청장(2006)
- 법무연수원 기획부장(2008)
- 창원지방검찰청 검사장(2009)
- 대구고등검찰청 검사장(2009.8~2011.1)
- 부산고등검찰청 검사장(2011)
- 선거방송심의위원회 위원장(2011)
- 광복70년기념사업추진위원회 정부위원장(2015.6~2017.5)
- 제63대 법무부 장관(2012~2013.3)
- 제44대 국무총리(2015.6~2017.5)
- 미래통합당·자유한국당 당대표(2019.2~2020.4)
- 법무법인 로고스 상임고문변호사(2022.6~현재)

황교안 총리

교회 지키고 국가 바로 세운 '대한민국 요셉 총리'

"하나님은 나의 주(主), 나의 하나님입니다. 제 삶의 구세주이시자 주인 되십니다. 그렇기 때문에 그리스도인들이 신앙생활 할 때 대충대충 하면 안 돼요. 우리 삶의 주인 되신 하나님 앞에서 철저히 하는 것이 필요합니다. 그렇게 살면 손해 보는 것 같아도 결국 승리합니다. 저도 제 인생의 중간중간에는 실패한 것처럼 보이는 일도 많았지만, 모든 것을 합력해 선을 이루시는 하나님께서 악까지 선용하셔서 승리케하셨습니다."

2022년 5월 26일 서울 영등포구에 위치한 그의 사무실에서 만난 황교안 장로(전 국무총리)는 이같이 신앙을 고백했다. 이날 기자가 그의 사무실에 도착하자 어디선가 찬양소리가 흘러 나왔다. 인사를 나온 그는 자기 옆 방에서 지금 예배를 드리고 있어 약간 시끄러울 것이라며 응접실로 우리를 안내했다. "사무실 분위기가 좀 다르죠?"라며 미소짓는 그에게서 이곳에서 예배드리는 것은 일상적인 분위기임을 눈치챌

수 있었다.

'국보법 해설서'를 발간할 만큼 투철한 공안검사로 반평생을 공직생활에 매진하며 대한민국의 자유민주주의 체제를 지켜오던 황 장로는 박근혜 정부 시절 법무부 장관과 총리로 발탁됐고, 박 대통령의 탄핵 후엔 대통령 권한대행의 역할까지 역임하며 나라의 위기를 막아냈다.

공직 퇴임 후엔 보수정당의 대표로 추대돼 거대여당의 폭거를 막아내려 목숨을 건 단식까지 서슴지 않았고, 이제는 다시 부정선거를 막기 위해 법정투쟁까지 불사하며 열정을 쏟고 있다. 그를 이토록 쉬지 못하게 하는 건 하나님이 주신 사명 때문일까. 교회를 지키고 나라를 바로 세우는데 일생을 바쳐 온, 현직 시절 대한민국의 '요셉 같은 총리'로 불렸던 황 장로에게 직접 물었다.

- 어떻게 처음 하나님을 믿게 되셨나요.

"가난한 집안에서 태어나 공부에도 전혀 관심 없고 하루종일 구슬치기, 딱지치기를 하며 살았어요. 먹을 것이 없어서 길에서 자라는 명아주 나물을 뜯어서 먹곤 했습니다. 용산에 있는 국민학교에 다녔는데 학생 98명 중 48등 하는 공부에 관심 없는 아이였어요. 그러다 누나를 따라 우연히 나간 교회에서 예수님을 만났고 신앙생활을 하게 됐습니다.

10살 때 저희 큰누나가 교회에 가면 왕눈깔사탕 2개를 살 수 있는 돈을 주겠다고 해서 처음회 교회에 갔어요. 당시 1개에 5원 하는 왕눈깔사탕 한 개만 있으면 하루가 행복한 초등학생 때였는데 10원을 주겠다는 제안은 제가 도저히 거절할 수 없는 제안 이었습니다. 유혹에 못 이겨 처음 교회에 갔지만 하나님이 나를 포근하게 안아주는 느낌이 너무 좋았습니다. 하나님이 나를 미리 택하시고 사랑하셔서 누나를 통해 교회로 인도하신 것 같아요.

처음 교회에 간 날 주일학교 선생님의 첫 마디가 '우리는 모두 죄인이다'라고 하더라고요. 저는 그 말이 무슨 말인지 몰랐어요. '내가 왜 죄인인가? 나는 도둑질도 안 했고, 남을 때리지도 않았고, 왜 내가 죄인인가?' 그런데 이제 선생님이 쭉 얘기를 해요. '우리가 날 때부터 죄인이고, 우리가 엄마 말 100% 전부 잘 듣는 건 아니지 않느냐, 그게 불순종이다.' 이렇게 짧은 시간이지만 말씀을 하셨는데 제가 감동이 됐어요. 그래서 그 다음부터 교회를 다니기 시작했습니다.

이후 계속 예배를 드리고 말씀을 들으면서 믿음이 계속 자랐고, 그 교회가 분립되기 전까지 계속 다녔었습니다. 개척하신 담임 목사님이 사역을 하시다가 돌아가신 후에는 교인들이 뿔뿔이 흩어져 저도 지금의 교회로 오게 됐어요. 당시 교회를 옮길 때 두 개가 교회가 있었는데 한 곳은 큰 교회로 과자와 학용품을 주는 부자교회였고, 다른 한 곳은 미군 천막을 빌린 작은 천막교회였어요. 그런데 그 작은교회로 하나님이 저를 인도하셨습니다. 선물 주는 교회로 갔으면 큰일 날 뻔 했습니다. 거긴 이단이었거든요.(웃음)

예수님을 영접한 후에도 원래 공부에 관심이 없었는데, 주일학교 선생님들이 공부하라는 권유를 따라 공부를 하기 시작했고 성적이 3등으

황교안 총리

황교안 총리는 2022년 5월 기자와의 인터뷰에서 "복음을 통해 의식이 깨어났고 세상에서도 어떻게 살아갈지 방향을 찾게 된 것 같다"고 말했다.

로 훌쩍 뛰어올랐습니다. 구원의 은혜와 더불어 생활에도 큰 변화가 있었던 거죠. 공부하라는 이야기를 교회에서 처음 들어봤어요. 복음을 통해서 의식이 깨어났고 세상에서도 어떻게 살아갈지 방향을 찾게 된 것 같습니다."

– 고시합격 후 신학교도 졸업 하신 걸로 압니다.

"고시를 합격해야 한다는 절박한 마음에 하나님께 서원기도를 한 것이 계기가 됐습니다. 어렵게 대학 공부를 시키고 뒷바라지 해 주신 어머니를 기쁘게 해 드리기 위해서라도 고시에 합격하고 싶었고, 또 저는 학교에 오래 다니면서 고시 공부를 할 만한 재정적인 여유가 없었습니다. 그래서 하나님께 사법시험에 합격하게 해 주시면 신학을 해서 하나님의 일을 하겠다고 기도를 했어요. 결국에는 원하는 대로 재학시절에 사법시험에 합격했고 하나님과의 약속을 지키기 위해 사법연수원을 다니면서 신학을 하게 된 거죠.

사실 저는 원래 집안 형편이 너무 어려워서 대학을 갈까 말까 심각하게 고민했어요. 그런데 어머니가 '내 머리카락을 팔아서라도 학비를 댈 테니 대학을 꼭 가라고 하셔서 대학을 갔습니다. 당시 꿈은 법조인, 검사가 되는 것이어서 법대로 진학을 했고 사법고시를 준비했는데, 오랫동안 고시공부를 할 여건이 못 되서 하나님께 빨리 합격시켜 달라고 하면서 '그렇게 해 주면 신학을 해서 믿음의 튼튼한 젊은이로 살겠다'고 서원기도를 한 것 거죠. 그런데 정말 대학졸업과 동시에 합격을 하게 된 것입니다.

놀라운 건 당시 제가 섬기는 교회일도 많았다는 것입니다. 작은 교회고 젊은 사람이 많이 없어서 제가 어려서부터 여러 가지를 섬겼는데 중학교 1학때 유초등부 교사를 했으니 말 다했지요. 그렇게 고시준비를 하면서도 교회일도 같이 하면서 시험을 준비했는데 오히려 더 빨리 합격하게 된 거에요. 또 놀라운 건 제가 합격하던 해 처음으로 사시 합격자가 300명으로 늘어다는 것입니다.

그렇게 서원기도를 하고 합격한 것까지는 좋았는데, 사법연수원 2년을 다니면서 신학공부를 해야 하는 상황이었기 때문에 과연 할 수 있을까 생각이 들었습니다. 게다가 당시엔 사법고시가 됐다고 해서 판검사가 바로 될 수 있는 게 아니었기 때문에 제가 원하는 검사가 되려면 연

황교안 총리

수원 공부에 집중해야 했거든요.

그래서 하나님께 다시 기도하면서 '내가 신학교 가는 것은 나중에 할 수 있도록 그렇게 해 주십시오'라고 기도를 했는데 하나님이 응답을 안 주시더라구요. 며칠 동안 더 기도하다가 결국 내 안에서 답이 나왔습니다. 하나님이 '누가 너더러 서원을 하라고 했니? 너 스스로 해 놓고, 너가 믿음 흔들리지 않겠다고 해서 합격시켜줬는데 왜 딴소리니'라고 하시는 것 같았어요. 그래서 결국 바로 신학을 했습니다. 연수원과 병행이 너무나 어려웠지만 결국 둘 다 무사히 좋은 성적으로 마칠 수 있었고, 제가 원하던 검사로도 임관이 되었습니다."

- 복음성가 가수로 알려지신 사모님과 만난 스토리도 궁금합니다.

"아내와 만난 것은 사법시험 합격 후 연수원 시절이었습니다. 전 항상 교회에 매여있어서 데이트와 연애를 못 했었습니다. 저보다 16살 많으신 형수님이 '도련님은 어떤 여자가 좋냐'고 물어봤는데 농담반 진담반으로 제가 답을 한 것은 '첫째는 신앙생활을 잘 하면 좋겠다. 둘째는 이해심이 많고 선한 사람이 좋겠다. 셋째는 대화가 되는 사람이 좋겠다' 이거였습니다. 형수님이 메모를 해서 기억해 두셨다가 진짜 그런 사람을 소개를 해 줬습니다.

형수님 소개로 처음 광화문에 있는 한 커피숍에 가서 지금의 아내와 만났는데 처음 만나는 날 하나님이 정해주신 사람이라는 느낌을 받았습니다. 검사시보 시절에 눈코 뜰 새 없이 바쁜 어느 토요일 오후였는

젊은 시절의 황교안 총리와 아내 최지영 권사 모습.

데, 자리에 앉자마자 시간이 얼마 없다고 양해를 구했는데 태극기 하강식 음악 소리가 들릴 때까지 헤어지지 못하고 있는 저 자신을 발견하고 속으로 멋쩍었습니다. 그렇게 만나 결혼했지요. 현재 아내의 직업은 상담학 교수에요. 아내는 원래 영문학을 전공했고, 40살에 상담학 공부를 시작해 석·박사까지 하고 교수가 됐습니다.

　아내가 복음성가 가수가 된 건 저와 결혼 후 젊었을 때 찬양 가스펠 음반을 만들었는데 반응이 좋아 여기저기서 초청을 하면서 알려졌어요. 처음엔 아내가 안갈 수 없어서 갔는데 여러번 여기저기서 부르셔서 복음성가 가수로 소문이 나게 된 거죠. 사실 음반도 내려고 해서 낸 게 아니라 애초에 장모님을 위해 만든 음반이었어요. 아내가 처갓집에 거의 못 갔는데 장모님이 아내를 너무 사랑하셔서 목소리라도 보내 드리려고 복음성가를 녹음을 하게 된 거죠.

그 시기에 마침 앨범 디제이를 만났는데 그분이 도와줘서 엄마를 위한 음반을 만들었고, 프로듀서가 곡 하나 만들고 끝내기엔 아깝다고 해서 음반 비슷하게 만들어 보니 반응이 괜찮아 발매까지 하게 된 것입니다.”

- 법무장관과 국무총리로 일하시던 시절 하나님의 도움의 손길을 많이 느끼셨나요.

“저는 하나님이 우리 삶 속에 동행하시고 섭리하신다는 사실을 믿습니다. 그게 신앙생활이라고 생각해요. 공직시절 너무나 많은 은혜를 주셨는데, 사실 법무장관이 되고 총리된 것 자체도 은혜였습니다.

법무장관 시절에 통진당 해산을 추진할 때 주변에서 우려가 많았지만, 하나님께 기도하며 담대히 나아갔는데 위기에서 역전시켜 주셨습니다. 세계적으로 정당해산이라는 것 자체가 세계적으로 독일에서 2번 있었고 다른나라에서는 유례가 없었어요. 사실 통진당 출범시부터 민주적 기본질서에 부합하지 않는다고 판단했지만, 목적과 활동 둘 다 해산요건에 충족되는지를 기준으로 자료를 모아왔어요. 그러다가 때마침 이석기 사건이 터지면서 자연스럽게 내란선동으로 유죄판결까지 나게 된 거죠.

당시 박근혜 대통령께 독대를 청해 1시간 넘게 설명을 드렸는데, 그 자리에서 박근혜 대통령이 바로 진행하자고 하셨습니다. 그래서 TF를 만들어 실행했어요. 첫째로는 통진당은 자유민주주의 기본을 흔드는 당이었는데 하나님이 이것이 막아주셨다는 것이 감사합니다. 둘째로는 전례가 없는 사실 굉장히 어려운 사건이었고, 제대로 밝혀지지 않으면 해산을 시도한 우리에게 엄청난 부담이 될 수 있었는데 대통령 승인 후 일사천리에 해산을 진행된 것도 하나님의 기적입니다.

헌법재판관 9명중 8명이 통진당을 위헌정당이라고 쉽지 않은 결정을 내린 것도 결국 하나님이 이끌어 주신 것도 은혜라고 생각합니다. 또한 헌재 판결의 내용으로 당시 소속된 국회의원 들까지 당선무효를 시킬 수 있었는데, 정당을 해산한다 하더라도 구성원들이 남아서 활동하면 헌법적 가치가 부합되지 않는 것이라고 헌법재판관들이 현평한 판단을 내리게 된 것 결국 하나님이 하신 일이라고 생각합니다.

국무총리 시절엔 특히 박근혜 대통령 탄핵정국 이후에는 전례가 없는 국가위기 상황이 되고 제가 직무수행 권한대행으로 일해야 되는 상황이 벌어졌을때 어깨가 너무 무거웠습니다. 그래서 정말 하나님께 기도할 수밖에 없었습니다. 그랬더니 하나님이 나라를 안정적으로 운영할 수 있는 지혜를 주셨어요. 먼저 나라의 외곽을 잘 지키라는 감동을 주셔서 외교장관과 국방장관에게 흔들림 없이 나라를 지키고 우리나라가 안정적임을 다른나라들에도 알리게 했습니다.

당시 경제도 어려운 상황에 들어가기 시작했는데, 난국을 헤쳐나가고 경제를 살리기 위한 노력들을 했습니다. 물론 예상할 수 없는 어려움이 있었지만 당시 국무위원들, 공무원들께서 힘을 모아주셔서 결과적으로 안정적인 권한 직무대행을 수행했다고 평가를 받았습니다."

- 정치에 참여하신 후 어려움을 겪게 되시면서 하나님과는 더 가까워 지셨다구요.

"제가 이제 어떻게 보면 하나님의 부르심을 받고 정치를 시작했습니다. 1년 지난 다음에 총선이 있었는데 당시 저희 당이 참패를 했어요. 제가 과반수 이상을 얻지 못하면 당 대표에서, 모든 당직에서 물러나겠다고 약속을 하고서 선거운동을 시작했는데 결과적으로 안 됐지요. 그래서 물러났습니다. 물러나고 제가 하나님께 이제 기도했어요. '저는 정치 적성이 아닌것 같습니다. 행정가로 평생을 살았고, 그거는 참 자신이 있는데, 정치는 생전 모르는 부분이고, 또 놓치지 않았습니까? 이제 정치를 그만 두겠습니다' 그런데 하나님께서 답이 없으셨어요. 한 1년 2개월 계속 기도를 했는데 답이 없으시다가 '정치를 계속할까요, 말까요? 저는 안 하면 좋겠습니다' 1년 2개월 만에 하나님께서 답을 주셨어요. 뭐라고 주셨냐면 '회개하라'.

그래서 그는 '무슨 회개를 하라고 하시나?'라고 생각하며 계속 기도를 했습니다. 그랬더니 정말 기적같은 역사가 있었습니다. 회개를 작정하고 기도를 하니까 제가 생각지도 못한 회개들이 수도 없이 쏟아져 나오는 것이었습니다. '교만했다', '자고했다', '게을렀다', '사랑이 없었다', '불순종했다', '내맘대로 했다' 등등 한 달 동안 25개의 회개제목들이 쏟아져 나왔습니다. 전부 제가 정치를 시작한 이후의 회개 거리였습니다.

저는 정말 참담한 심정으로 자책하며 회개했습니다.

보통 기도할 때 '회개의 영을 부어주시옵소서.'라는 말들을 많이 하고, 그도 마찬가지였고 많이 회개하며 살았지만 이런 경험은 생전 처음이었어요. 저는 정말 가슴을 찢는 회개를 했고, 죄인이라는 자책감으로 '일어날 새 힘을 주시옵소서' 간구 한 마디도 하지 못한 채 회개만 계속했습니다. 첫째날, 둘째날, 셋째날, 저는 회개 후 자신도 모르게 찬송가가 나왔습니다. 넷째날, 찬송가가 나오지 않았습니다. 그러자 제 아내의 입술에서 찬송가가 흘러나왔습니다. 정말 회개와 함께 하나님의 살아계심을 경험하는 시간들이었습니다.

회개하는 동안 성령님께서 이렇게 하라, 저렇게 하라 감동을 주셔서 전부 순종했습니다. 13일 만에 하나님께서 저에게 이렇게 말씀하셨습니다. '회개는 이제 어느 정도 됐다. 내가 너를 일으켜 세울 것이니까. 이제 일어나 나가라!' 정치를 다시 하라는 말씀이셨습니다. 그래서 저는 2021년 대선 출마를 다시 선언하게 된 것입니다."

- 부정선거 방지 활동에 참여하게 되신 것도 하나님의 인도하심이 있으셨나요.

"4.15 총선 직후에 부정선거에 대해 많은 이야기를 듣고 관련 보고서도 읽어 보았습니다. 심정적으로 부정선거의 가능성은 느꼈는데 증거가 없어 함부로 말하는 것은 법조인이 취할 태도가 아닙니다. 그런데 작년 6월28일에 인천 연수구 재검표 현장에서 부정선거의 증거들

황교안 총리

을 봤습니다.

확실한 증거를 확인한 후에는 침묵할 수 없었습니다. 그때부터 부정선거 이슈를 들고 나왔고 부정선거 방지 활동을 계속해 오고 있습니다. 부정선거 방지활동은 자유민주주의와 교회를 지키는 활동입니다. 많은 사람들이 부정선거가 없다고 주장해서 힘들었지만, 하나님께 기도하면서 힘을 얻어 정의의 길을 가고 계속 있습니다. 3.9 대선 이후 부정선거에 대한 국민들의 인식도 확 바뀌었습니다.

제가 반 평생을 공안검사로 살았는데, 공안검사가 하는 일 중 중요한 두가지가 간첩을 잡는 것과 부정선거를 잡아내는 것이었습니다. 검찰 공안부는 결국 자유민주주의 체제를 수호하고 지키는 역할을 하는데 간첩과 부정선거를 잡아내지 않고는 자유민주주의가 바로 세워질 수 없었기 때문입니다. 특히 저는 검사시절 선거때마다 공안부에서 선거사범을 많이 수사한 경험이 많이 있어서 처음 4.15총선 부정선거 의혹이 있었을 때도 관심을 가지고 지켜봤습니다.

그러나 대통령 권한대행까지 역임한 전 총리가 의혹만 가지고 부정선거 이야기를 할 수는 없었지요. 원래 선거소송의 경우 신속하게 조사하고 종결처리하게 돼 있습니다. 소 제기일로부터 180일로 처리해야 하는 강행규정이죠. 그런데 빨리 재검표부터 시작해 검증이 진행되리라 생각했지만 진행되지 않더군요.

그러다가 1년 2개월 만에 인천 연수구에서 재검표가 있었는데 그때 투표지 중에 엄청나게 많은 부정 투표용지가 나오게 된 겁니다. 소위 이야기 하는 '배춧잎 투표용지'와 시뻘겋게 문드러진 '일장기 투표용지' 등, 투표관리관의 도장이 찍힌 것이 유효한데 이름은 있지만 도장은 시뻘겋게 물든 것이었어요. 실제로 투표지가 한 선거구에서 1900장 중에서 1000장이나 나왔습니다. 있을 수 없는 일이었습니다. 그래서 개표할 때 문제제기를 했더니 200표는 무효처리하고 700표는 유효처리 하는 등 완전 엉터리였습니다. 그래서 그때부터 저도 4.15는 부정선거라고 외치게 된 겁니다. 철저하게 조사해서 자유민주주의를 지키기 위한 전쟁에서 승리해야 합니다.

중장기적으로는 제가 쓴 '초일류 정상국가'라는 책 제목처럼 대한민국을 비정상이 아닌 정상인 국가, 꼴찌가 아닌 정상에 있는 국가로 만드는 일에 주력하고 있습니다. 문재인 정권하에서 이 비전을 잠시 잃었지만, 반드시 다시 되살려 낼 것입니다. 대한민국을 바로 세우고, 가치를 회복하고, 민생이 제대로 작동되는 초일류 정상국가를 만들 것입니다."

- 코로나 사태로 한국교회에도 여러 일들이 있었는데, 특별히 이 시점에서 교회에 전하고 싶은 메시지가 있으시다면 어떤 것인가요.

"코로나로 인해 한국교회가 박해를 많이 받았습니다. 외부로부터의 도전에 제대로 대응하지 못하고 굴종적인 자세를 보였어요. 우리는 예배의 회복을 위해 투쟁해야 합니다. 뭉쳐서 싸워야 해요. 그렇지만 그 전에 먼저 우리의 잘못으로 나라가 망가진 점에 대한 자각과 회개가 필요합니다.

황교안 총리

코로나 시기에 마스크를 낀 채로 교회에서 기도 중인 황교안 총리.

지난 정부는 코로나를 빌미로 교회를 엄청나게 탄압했어요. 종교의 자유, 예배의 자유를 억압하고 교회들이 비대면예배라는 성경에도 없는... 성경에는 모이기를 힘쓰라고 했잖아요. 정부가 교회를 모이기도 못하게 하고, 종탑도 내리게 하고 종도 못치게 했습니다.

그리고 교회의 본질적 가치인 생명운동, '생육하고 번성하여 땅에 충만하라'는 기독교의 핵심적 가치인 생명운동을 못하게 하고 있어요. 핵심은 남자와 여자가 결혼해서 가정을 이루는 것인데, 지금 차별금지법을 통과시켜 성적지향, 남자가 자신을 여자라고 하면 남자를 며느리로 맞아야 되는 있을 수 없는 상황이 닥쳐오고 있습니다. 말을 그럴듯한데 대한민국의 전통적 가치관을 망가뜨리고 있어요.

한국교회는 이제 교회 안에서만 머물지 말고 교회 담을 넘어 세상으로 나가야 합니다. 세상을 향해 진리와 정의를 외치고 선한 영향력을 끼쳐야 합니다. 동성애법 등을 악법을 직접 나서서 막아내고, 검수완박 같은 악법도 저지해야 합니다.

예수님께서는 '오직 성령이 너희에게 임하시면, 너희가 권능을 받고, 예루살렘과... 땅끝까지 증인이 되리라(행 1:8)'고 하셨습니다. 그러려면 예루살렘을 넘어 온 유대로 나가야 됩니다. 그런데 한국교회는 지금 예루살렘에 머물러 있어요. 교회의 많은 인적자원들이 교회에만, 교회일에만 매여 있습니다. 이건 바람직한 것이 아닙니다.

초대 예루살렘 교회처럼 땅끝까지 이르러야 합니다. 더 이상 사역할 공간이 교회가 아니라는 거죠. 교회로부터 훈련받아서 세상에 나가서 복음을 전하고 세상을 바꾸어야 합니다. 그간 교회 성장을 위해 교회에만 집중을 했는데 오히려 교회가 위축이 된 것입니다. 이제 교회담을 넘어야 합니다. 세상으로 나가서 사회적 약자도 돌봐야 하고 남들이 하기 힘들어하는 일도 교회가 해야 합니다. 제가 지금 부정선거방지대 활동을 하는 것처럼, 크리스천들이 세상에 꼭 필요한 감시활동의 영역들도 챙겨야 한다고 생각합니다. 교회가 할 일이 많이 남아있습니다."

- 이 시대 청년 크리스천 공무원·정치인들에게 총리님의 경험을 바탕으로 조언을 해 주신다면.

"'먼저 그의 나라와 그의 의를 구하라'(마 6:33), '신앙과 함께 전문성을 키워라', 그리고 '세상과 관행을 따르지 말고 골리앗 앞에서 선 다윗처럼 하나님의 이름으로 새롭게 도전하라'. 이 세 가지를 이야기 해 주고 싶습니다.

제가 제일 좋아하는 성경 구절이 마태복음 6장 33절인데, 공무원도 정치인들도 먼저 하나님의 나라와 의를 구하는 삶을 살아야 합니다. 어느 자리에 있든지 세상과 타협하지 말고 기독교적 세계관에 입각해서 일을 해야 합니다.

둘째로 신앙과 함께 전문성을 키워야 하는데, 전문성이 없으면 공무원으로서든 정치인으로서든 활동하기가 어렵습니다. 특히 크리스천들에게 필요한 것이 전문성입니다. 신앙도 좋고 사람 좋은데 전문성이 부족하다면 문제가 있습니다.

셋째로 도전해야 합니다. 인생을 살다 보면 험한 일이 참 많은데, 좌절하지도 말고 피해가지도 말아야 합니다. 다윗과 골리앗의 사례를 보세요. 골리앗은 많은 무기로 무장했지만, 다윗은 '나는 여호와의 이름으로 내게 나아간다'고 하며 하나님의 이름으로 전쟁을 하지 않습니까. 용기를 가지고 도전하는 사람만이 성공을 맛볼 수 있습니다.

마지막으로 하나를 더 말한다면 '거꾸로 해라' 입니다. 혁신입니다. 세상의 관행을 따르지 말고 새롭게 해 보라는 것이죠. 남들이 높은 자리에 앉을 때 높은 자리에 앉을 사람이 낮은 자리에 앉으면 세상을 바꿀 수 있고, 내 자랑을 하고 싶을 때 남을 칭찬하고, 다른 사람이 편한 일 할 때, 어려운 일을 자처해 보는 것이죠. 크리스천 청년들이 이런 삶을 살았으면 좋겠습니다."

- 그런데 신앙과 함께 전문성을 기르려면 아무래도 시간관리를 잘 해야 할 것 같습니다. 총리님만의 비결이 있으시다면.

"제 비결은 '집중력'에 있어요. 무엇이든 '단시간 내에 끝내자'란 각오로 집중해서 하는 것이죠. 예를 들면 고시촌에 고시공부 하는 사람들도 하루종일 공부한다고 앉아있지만 정말 3~4시간 밖에 공부못하는 사람도 있습니다. 제가 대학생때 학기 중에는 교회일도 매진하면서 학업과 고시공부까지 할 수 있었던 것은 활용할 수 있는 시간은 상대적으로 적었지만 단시간내에 끝내기 위해 초집중해서 했기 때문입니다. 그리고 무엇보다 경건시간을 잘 확보해야 합니다. 저는 지금도 새벽 3~4시면 일어나서 성경보고 기도하고 하루를 시작합니다."

- 마지막으로 앞으로 총리님 남은 인생에 하나님이 주신 꿈이 있으시다면.

"저는 평생 자유민주주의와 교회를 지키기 위해 노력한 사람입니다. 앞으로도 제 사명은 하나님이 보우하시는 나라인 대한민국의 자유민주주의를 지키고, 교회를 지키고, 국민의 삶을 지키는 일에 헌신하는 것입니다.

대한민국을 왕정국가에서 자유민주주의 국가로 바꾸는 역할을 했던 교회가 엄청난 탄압을 받았고, 자유민주주의도 흔들리고 있습니다. 이런 것들을 다시 되살리는 것이 제 꿈입니다. 하나님이 보우하시는 나라, 대한민국과 자유민주주의를 지키고 민생을 지키고 교회를 지키는 일에 평생을 매진할 것입니다."

황교안 총리

황교안 총리에게 배우는
홀리 인사이트(Holy Insight)

1. **하나님께 진심으로 서원했다면 손해보는 것 같아도 약속을 꼭 지켜라!**

- 황 총리는 사법고시 합격을 시켜주시면 신학을 하겠다고 하나님께 약속했고, 고민했지만 결국 그 약속을 지켰다. 쉬운 결정과 과정은 아니었지만 하나님은 둘 다 좋은 성적으로 결과를 얻게 해 주셨다.

2. **하나님이 세우신 자리라면 하나님이 기뻐하시는 일에 두려움없이 담대하게 행하라!**

- 하나님의 은혜로 법무장관과 총리가 된 황 총리는 통진당 해산 등 당시 반대가 심할 수 있는 일들을 하나님을 의지해 과감하게 추진했고, 하나님은 모든 환경과 시기 등을 주관하셔서 일사천리로 그 일들을 실현되게 해 주셨다.

3. **하나님이 회개하라고 하실때는 모든 것을 멈추고, 완전히 회복될 때까지 회개에 집중하라!**

- 하나님은 '정치를 계속 할까요, 말까요'라고 묻던 황 총리에게 '회개하라!'는 답을 주셨고, 황 총리는 25가지 회개 제목 등으로 13일간 집중적으로 회개하며 성령님께서 주시는 감동대로 전부 순종했다. 이후 하나님은 그를 다시 일으켜 세우시고 새 길을 열어 주셨다.

- 1952년 출생
- 연세대 정치외교학 학사·석사
- 육군 제3사관학교 교관 복무(대위 전역)
- 미국 텍사스대학교 오스틴 정치외교학 박사(1988)
- 세종연구소 외교·안보 담당 연구위원(1990~1996)
- 한국해양전략연구소 연구실장(1997~2001)
- 자유기업원 자문위원(2001~2002)
- 미국 오하이오 주립대학교 역사학 박사(2002)
- 캐나다 빅토리아 대학교 정치학과 교수 근무
- 자유기업원 국제문제연구실장(2002)
- 자유기업원 부원장(2003)
- 前 한국해양전략연구소 선임연구위원
- 前 통일연구원 국제관계연구센터 초빙연구위원
- 前 한국경제연구원 외교안보연구실장
- 前 대한민국 국방부 정책자문위원
- 前 국제정치아카데미 대표

저서
- 현실주의 국제정치학(2007)
- 미국에 당당했던 대한민국의 대통령들(2012)
- 미중 패권 경쟁과 한국의 전략(2016)
- 10월 유신과 국제정치(2018)
- 전쟁과 국제정치(2020)

이춘근 박사

복음통일과 예수한국 꿈꾸는
'성경적 국제정치학자'

"참 지혜는 하나님을 두려워하는 것에서부터 나와요. 사실 젊은 시절엔 그걸 잘 모르고 지냈습니다. 제가 졸업한 미국대학에 당시 약 800만 권의 책이 있었는데, 그 대학 총장이 '이 책 몇백 만권 다 필요 없다. 한 권만 있으면 된다. 바로 성경이다'라고 이야기했어요. 미국의 레이건 대통령도 '성경 앞표지부터 뒤표지 사이에 우리 인간의 모든 문제의 답이 있다'고 말했는데, 살아 보니 이제야 그들의 이야기가 옳다는 걸 전적으로 느끼고 있습니다. 제가 공부하고 가르치는 국제정치학도 결국 성경과 겹쳐지더라구요."

2022년 6월 광화문에서 기자와 만난 이춘근 박사(70)는 자신의 인생을 돌아보며 이같이 신앙을 고백했다. 그는 "결국 모든 학문의 원천도 성경"이라며 "학자로 오랜 세월 공부하면서 거꾸로 이것을 깨닫게 되었다. 그러다 보니 결국 제 전공인 국제정치학 공부도 성경공부와 함께 맞춰지게 됐다"고 말했다.

이춘근 박사

이 박사는 "이승만 대통령을 봐도 알 수 있다"며 "이승만도 미국에서 박사학위를 받은 국제정치학자였지만 성경을 읽고 얻은 하나님의 통찰력 때문에 6.25때 장군 중의 장군으로, 최고의 전략가로 업적을 세웠다. 하나님의 지혜로 대한민국을 구한 것이다. 그의 지혜는 국제정치학이 아니라 성경에서 나온 것이다. 모든 지혜와 지식의 '오리지널'은 결국 성경"이라고 강조했다.

유튜브 구독자만 30만 명을 넘어서고, 대학강단에서는 은퇴했지만, 여전히 국내 최고의 국제정치학자로 불리는 그는 이날 인터뷰 며칠 뒤 곧 장로 임식직을 앞두고 있다고 했다. 최근 하나님의 은혜로 좋은 의사를 만나 지병인 당뇨병도 호전되고, 이전보다 더욱 건강해지고 있다며 스스럼없이 자신의 일상을 밝히는 노(老)교수의 얼굴에는 아직도 열정이 가득한 청년의 모습이 가득했다.

1952년생으로 70세의 나이였지만 2022년에 800만 대한민국 해외 동포들을 하나로 연결하는 구심점 역할을 할 세계한인교민청 초대 청장까지 맡게 됐다. 어렸을 때부터 단지 공부하는 것이 좋아 대학교수가 되고 싶었다는 그에게 하나님이 과연 어떤 꿈을 주셨길래 이토록 쉬지 않고 달려갈 수 있는 것일까. 기자가 직접 물었다.

- 언제 처음 예수님을 믿게 되셨나요.

"초등학교때 제일 친한 친구가 목사님 아들이었습니다. 그래서 그때 교회에 나가긴 했는데 예수님을 믿어서 간 게 아니라 그냥 친구 따라 다

넸어요. 크리스마스때 선물도 주고 해서 갔습니다.(웃음)

정식으로 믿고 세례를 받은 건 20대 중반에 군대에서 장교로 복무하던 77년 12월이었어요. 사실 그전까지 제 주변 분위기는 기독교였지만 열렬한 신자는 아니었습니다. 제가 다녔던 연세대도 채플과 신학개론 수업이 필수과목이어서 들었구요. 대학교 4학년 무렵에 지인으로부터 사회에 있는 기독교 모임을 하나 소개받았는데 모임 회장이 강원용 목사님(1917~2006, 일제강점기 대한민국 신학자이자 정치가 · 철학자 · 통일운동가 · 교육자 · 반일반공운동가)이셨어요. 그래서 그분이 목회하시던 경동교회를 다니게 됐습니다.

어머니도 예수님을 믿으셨는데 이북에서 피난을 내려오신 분이에요. 제가 어렸을 때 저희가 강원도 춘천에 살았었는데 춘천에 이북 출신 사람들이 많이 모여 살았어요. 왜냐하면 춘천이 북한과 제일 가깝거든요. 6.25때 남한으로 피난 왔던 사람들이 전세가 바뀌어 국군을 따라 북으로 다시 올라가다가 춘천쯤에서 휴전이 돼서 그렇게 된 거죠. 우리 어머니 친구분 중에 북에서 내려온 기독교인분들도 많았어요. 제가 살던 곳 주변에도 대다수가 기독교인이었습니다. 아버지가 일찍 돌아가신 뒤 어머니도 본격적으로 믿으시고 열렬한 신자가 되셨죠. 지금 102세이신데 아직도 정정하십니다.”

– 어렸을 때부터 공부를 좋아했었고 학자가 꿈이셨나요.

“저는 대학 2학년 때 학자가 되기를 결심하고, 3학년 때 국제정치학

이춘근 박사

2022년 6월 16일 기자와 인터뷰한 이춘근 박사는 "참 지혜는 하나님을 두려워하는 것에서부터 나온다"고 강조했다.

자가 되기로 결심했습니다. 당시 제가 다니던 정치외교학과 학생들은 정치가가 되든지, 고시를 합격해서 외교관이 되던지, 혹은 장사를 하든지 중에 선택했었는데 저는 2학년 무렵에 고시는 내 체질이 아니라고 생각했고, 공부를 해서 학자가 되어야겠다고 결심했어요.

그러다가 3학년 때 충격적인 책 한 권을 읽고 진로를 확실히 정하게 됐습니다. 당시 저희 과에 유명한 대한민국 1등 정치학자 교수님이 계셨는데, 국제정치학의 바이블로 불리는 책인 'Politics Among Nations'('국가 간의 정치', 한스 모겐소 저)라는 책을 소개해 주셨어요. '국제정치학의 성경'이라고 불리는 책이에요.

당시 그 책 원어 최신판이 구하기 어려웠는데, 하나님의 도우심으로 구하게 됐어요. 우리 어머니와 이북에서 같이 넘어오신 한 남자 어르신이 춘천에서 같이 살고 있었는데, 우리 어머니가 그 어르신의 힘든 처지를 도와줬어요. 집을 다 뺏기고 쫓겨나게 된 사람의 빚을 갚아주고 그 집에 계속 살도록 해 줬어요. 그랬더니 그 어르신이 자기 아들이 미국에서 목회를 하고 있는데, 그 아들을 통해 저한테 신세를 갚도록 하겠다고 하셨어요. 그래서 그 아들 목사님이 한국에 와서 당시 대학 3학년인 저를 만나 '자네가 공부를 열심히 한다고 들었는데 내가 뭘 도와줄 수 있겠나'라고 물어보셔서 'Politics Among Nations' 책을 좀 구해서 보내 달라고 한 거죠.

그래서 결국 미국에 계시는 그 목사님을 통해 'Politics Among Nations' 영어 원서 최신판을 저희 학과에서 제가 제일 먼저 구하게 됐는데, 당시만 해도 영어 원서 구하기가 하늘에서 별따기 였기에 교수님들도차 저를 부러워했습니다. 그리고 그 두꺼운 550페이지짜리 원서를 바보처럼 10개월을 쭉 읽었습니다. 그리고 나서 '내 평생 전공은 바로 이거다'라고 결심하게 됐죠. 제 학파가 '현실주의 정치학'인데 현재 저의 입장의 뿌리가 다 그 책에서 비롯된 거라고 해도 과언이 아니에요. 그것도 지금 생각해 보면 우연이 아니라 하나님 인도하심이 있으셨던 것 같습니다."

- 대한민국 '국제정치학' 부문에서 독보적인 인지도와 영향력을 발휘하고 계십니다. 비결이 있으시다면 무엇인가요.

"남들이 들으면 화낼지도 모르는데(웃음) 저는 원래 공부를 좋아합니

이춘근 박사

다. 취미를 직업으로 하는 사람이 가장 행복한 사람이라고 생각하는데, 제가 바로 그런 사람입니다. 하나님이 저한테 그쪽으로 달란트를 주셨어요. 저는 어렸을 때부터 친구들 사이에서도 별명이 '교수'였어요. 나중에 커서 교수할 것 같다는 이야기를 많이 들었습니다. 평생 배우고 가르쳐 주는 걸 좋아하며 살아왔습니다. 그게 제가 하고 싶은 거였어요.

많은 사람이 공부하는 이유가 결국 다른 목적을 이루기 위해, 그 학위를 이용하기 위해 공부를 하는데, 저는 학문은 공부 자체를 좋아하고 그것 자체가 목적인 사람이 해야 한다고 생각해요. 우리나라 교수 중에 평생 책 한 권 안 쓰는 사람도 많습니다. 그런 사람을 학자라고 볼 수 있을까요. 그리고 국제정치학은 우리나라에는 필수과목입니다. 한국의 운명이 국제정치에서 다 결정되기 때문입니다. 우리나라의 모든 것의 80% 이상이 국제정치에서 결정된다고 생각합니다. 그런데 '우리 민족끼리' 같은 사상을 정치인들은 원천적으로 말이 안 되는 이야기를 하는 것이죠."

- 초대 세계한인교민청장이 되셨습니다. 교민청을 향한 하나님의 뜻은 뭐라고 보시나요.

"사실 원래 단체장은 제 체질에 안 맞는 일인데, 전광훈 목사님이 작년 가을에 얼떨결에 맡으라고 하셔서 맡게 됐습니다. 현재 640명의 해외 동포들이 간부로 임명이 됐고, 73개 지부가 생겼습니다. 맨 처음에는 유튜브로 교민청 설립을 세계에 알리고 홈페이지를 통해 지역별로 신청을 받았습니다. 미국의 오렌지카운티 지부를 비롯해 대부분 전 목사님을 좋아하고 내 유튜브를 좋아하는 우파 기독교인들이 많습니다.

우리나라 교포들의 힘은 막강합니다. 특히 제가 교민청장을 하면서 알게 된 건 교포사회가 엄청나게 편중돼 있다는 사실입니다. 우리나라 해외 교민이 약 800만 명 정도 되는데, 그중 1/10이 LA에 있고, 미국에만 300만 명이 살고 있습니다. 그 정도로 미국이 압도적입니다. 그다음으로 중국에 200만 명 이상, 일본에 80만 명, 그리고 러시아 교포들까지 포함하면 해외교포의 대다수가 이 국가들에 속해 있어요.

중국, 일본, 러시아에 있는 교포들은 일제강점기 때 어쩔 수 없이 이주한 분들이 많은데 미국의 경우는 성격이 달라요. 그분들은 삶을 개척하러 간 분들이 많습니다. 아메리칸 드림(American Dream)이죠. 미국뿐 아니라 캐나다, 호주 등의 교민들도 비슷한 유형의 교포분들입니다. '자유주의 기독교 국가'로 간 분들이죠. 꿈을 향해 간 사람들입니다. 특히 그 중 미국의 교포들은 진취적이고 학벌도 좋고 질 좋은 삶을 살고 있습니다.

무엇보다 교민청은 '복음통일'과 '예수한국'을 만드는 도구가 될 것입니다. 미국의 경우 저희가 50개 주의 수도에 각각 본부를 만들 예정입니다. 그 이유는 그 수도들이 각 주 상원의원 2명의 고향이기 때문이에요. 그 상원의원들을 우리 편으로 만들 것입니다. 호소하고 설득하고 선거할 때 도와주고 하면서 그 사람들이 미국이 한국의 통일을 지지도록 만들 것입니다. 그런 결의안 한 번 만 내주더라도 큰 도움이 될 것입

이춘근 박사

니다. 일종의 민간 외교입니다."

- 미국 동포들의 사회적 영향력을 활용하는 전략인가요.

"특히 미국 동포 중 2~3세대들은 미국 사회의 본진으로 현재 진출하고 있어요. 그 사람들을 한국 사람이 아니게 만들면 안 됩니다. 계속 한국 사람으로 엮어두면서 미국 사회 내에서 대한민국을 위한 국제정치적 역할을 하게 해야 합니다. 교민청이 나서서 이 일을 할 것입니다. 예를 들면 그들에게 대한민국의 역사 교육을 할 것입니다.

제가 미국 교포분들에게 그런 말을 했어요. '여러분들이 300만 명이지만 대한민국 국민으로 환산하면 1000만 명보다 영향력이 더 강할 수 있습니다'라고. 교민청이 있으면 교포분들이 뭉치는 데도 좋고, 팀이 짜여지니까 거주 국가 정부와 일종의 거래를 할 영향력도 가지게 됩니다. 저희들은 장기적으로 전 세계 약 300개 지부 도시에 호텔을 하나씩 매입하고, 그곳에서 일과 문화생활을 포괄하는 우리 교포들의 커뮤니티를 만들어 활동하게 할 것입니다. 그리고 교민청은 콘트롤타워 역할을 해줄 것입니다. 한국 본부와 계속 연계를 해 나가면서 1년에 한 번씩 서울에서 회의도 할 예정이에요."

- 하나님이 박사님에게 주신 북한에 대한 마음도 있으신지 궁금합니다.

"북한은 1인 통치의 나라입니다. 통일하려면 김정은을 아웃시키는 것이 결국 최종적인 방법입니다. 그런데 현재 북한이 목숨을 연명할 수 있

2022년 5월 세계한인교민청 발대식에서 발언 중인 초대 청장 이춘근 박사.

는 건 석유 때문이에요. 중국이 북한에 석유를 보내주는데, 만약 유엔에서 결의한 6차 북한 핵실험 제제안에 따라 중국이 석유를 끊으면 북한 정권은 무너지게 돼 있습니다. 현재 중국이 북한으로 연결되는 파이프라인을 석유를 보내주는 이유는 중국은 북한이 존립하는게 그들에게 유리하기 때문이죠. 결국 국제사회의 힘의 정치 때문입니다.

그렇다면 어떻게 해야 할까요. 중국이 북한을 그대로 놔두고서는 버티지 못하는 상황을 만들면 됩니다. 도와주는 것보다 '차라리 북한이 없어지는게 낫다'라고 생각하게끔 환경을 만들어야 하는 것이죠. 원래 작은 땅의 나라는 자급이 불가능하기에 먹고 살기 위해서는 무역을 해야 합니다. 그런데 북한은 무역을 하지 않고 자급자족을 기본으로 하는 경제 체제를 택하고 공산주의·사회주의를 했어요. 그런 왜곡된 나라가

이춘근 박사

살 수 있던 때가 냉전시대였던거죠. 소련이라는 나라가 북한이 남한보다 잘 살아야 하니 뒷돈을 대줬습니다. 그래서 한때는 북한이 남한보다 잘 살았었죠. 그러나 결국 소련이 망했고, 중국은 자본주의를 받아들여서 망하지 않고 있지만 공산주의와 반반 있어서 지금 흔들리고 있습니다. 북한을 살려 주던 중국이 미국과 싸우느라 힘이 빠진 것이죠.

중국과 일본은 내심 한반도의 통일을 바라지 않을 겁니다. 비교적 미국은 한국의 통일을 반길 유일한 강대국이라고 보면 됩니다. 미국은 한반도 통일과 안보에 결정적 영향력을 가진 나라에요. 통일을 원하는 세력의 힘이 크면 클수록 평화 통일의 가능성이 커집니다. 미국과 중국 사이에서 우리가 줄타기 하면서 양쪽으로 다 이익을 보겠다고 해서는 안 돼요. 우리는 한미동맹을 한층 더 강화해야 합니다. 주사파는 '조선 민주주의 인민공화국'으로의 통일을 원하지만, 우리는 반드시 자유민주주의 국가로 하나님을 마음 놓고 믿을 수 있는 통일을 해야 할 것입니다.

그리고 크리스천으로 우리가 놓치지 말아야 하는 것이 대한민국의 운명과 통일은 강대국들에 의해 결정되는 것이 아니라는 점입니다. '나라는 여호와의 것이요 여호와는 모든 나라의 주재심이로다(시 22:28)'라는 말씀처럼, 우리가 하나님의 편에 서 있는가가 가장 중요합니다. 서구 사람들은 세상의 중심을 예루살렘으로 생각했어요. 즉 하나님 중심으로 생각했던 거죠. 자유민주국가들은 모두 하나님을 믿고 부자가 됐습니다. 똑같은 민족인 남북한의 차이도 하나님을 믿는 자유민주주의

여부의 차이인 것이죠.

더 나아가 만약 한국과 중국·일본까지 신앙 공동체로 만들면 동아시아는 평화지대가 될 것입니다. 조지 프리드먼 박사는 2040년이 되면 만주가 통일한국의 영향 아래 있게 된다고 예측하기도 했어요. 이미 몽골은 한국과 하나가 되길 원합니다. 한국이 만주·몽골과 함께 통일국가가 되면 세계 2위의 초강대국이 되고, 미국과는 신앙동맹이기 때문에 세계 평화가 더 잘 유지될 것입니다. 특히 미국은 기독교 신앙으로 건국된 나라로 자유와 천부인권을 기본으로 행복을 추구하는 기독교 사상이 나라의 뿌리가 되는 국가에요. 미국은 인권과 자유를 무시하고 종교를 탄압하는 사회주의 북한을 나라로 인정하지 않기 때문에 타협하지도 않을 것입니다."

– 하나님의 관점에서, 윤석열 정부 외교정책(2022년 당시)은 어떤 방향으로 나아가야 할까요.

"윤 대통령의 취임사를 현장에 직접 가서 들었는데, 그분이 기독교 신자가 아닌데도 참 성경적인 이야기를 한다는 생각이 들었어요. 취임사에서 '자유'를 많이 강조했는데, 저는 우리가 하나님을 잘 믿으면 모든 것으로부터 자유롭게 된다고 생각해요. 자유는 바로 '하나님이 우리에게 준 자유'이기 때문이죠. 그런데 윤 대통령이 그 자유를 계속 강조하더군요.

그리고 통일을 염두에 두고 이야기를 했는지는 모르겠는데 취임사에서 '자유를 확대하겠다'고 이야기를 하더라구요. 그게 바로 자유통일이 거든요. 요한복음 8:31~32(그러므로 예수께서 자기를 믿은 유대인들에게 이르시되 너희가 내 말에 거하면 참 내 제자가 되고 진리를 알찌니 진리가 너희를 자유케 하리라) 말씀처럼 우리가 성경을 잘 알게 되면 자유롭게 되는 것입니다. 사실 학자들의 기본자세가 이런 것입니다.

그런 맥락에서 윤 대통령이 이야기하는 자유는 성경의 기본적인 개념입니다. 초대 대통령 이승만 박사가 '다시는 이 민족이 종의 멍에를 메이지 않게 해달라'고 기도하셨는데, 그게 바로 '자유'에요. 대한민국의 자유를 지키고 세계인의 자유를 확장하고, 국제사회와 협력하겠다는 뜻이거든요. 윤 정부의 외교정책도 자유를 확산하는 방향으로 나아가면 됩니다."

- 국제정치학 관점에서 이승만 건국 대통령의 재평가도 필요한 것 같습니다.

"이승만 대통령은 미국에서 실제로 공부한 국제정치학자이기도 하지만, 무엇보다 하나님이 주신 통찰력이 탁월했던 분입니다. 6.25 전쟁때 이승만 대통령의 업적은 '장군 중의 장군'이라고 평가할 수 있습니다. 최고의 전략가였습니다. 그가 한국을 구한 것입니다. 그런 그의 지혜가 근본적으로 모두 성경에서 나온 것이죠.

대한민국 건국이야말로 이승만 대통령의 피나는 노력으로 이룩된 것입니다. 이승만은 건국을 방해하는 무수한 세력들과 싸웠어요. 사회주의가 무엇인지 모르는 국민들, 골수 공산주의자들, 북한과 국제공산주의 세력, 심지어는 소련에 대한 개념 없는 우호 감정을 가진 미국 국무부의 좌익들과 싸웠습니다. 그 싸움에서 이김으로써 대한민국을 건국할 수 있었던 것이죠. 그 시대에 그 정도로 하나님이 주신 통찰력을 가진 '선지자'였습니다.

대한민국 건국을 위한 4대 기둥인 자유민주주의 · 자유시장경제 · 한미동맹 · 기독교입국론의 탁월한 설계도를 만들어 준 국부 이승만 박사를 재평가해야 합니다. 그동안 수차례 집권했던 좌익정권과 그들이 만들어 놓은 이념 · 사상적인 혼란으로부터 대한민국을 국가회복 시킬 수 있는 출발점입니다. 이승만의 회복은 김일성의 몰락, 주사파의 몰락과 동의어가 될 것이에요.

대한민국 초대 국회가 개원할 때, 당시 이승만 박사가 나이가 제일 많아서 사회를 보게 됐는데, 이승만 박사가 '우리가 국회를 만들고 나라를 건설한 것은 하나님의 은혜가 아니겠습니까. 그러니까 기도를 해야지요' 그러면서 당시 국회의원이던 이윤영 목사님께 기도를 부탁했습니다. 이윤영 목사님은 감리교 이북 평안도 목회자 출신으로 일제강점기 시절 독립운동가이자 교육자셨죠. 대한민국 정부 수립 이후 최초로 국무총리에 지명되시기도 한 분입니다. 우리나라만 지금 이상해져서 그렇지, 미국의 경우는 목사님들이 대통령도 출마합니다. 정교분리(政敎分離)라는 것은 정치가 교회에 간섭하지 말라는 것이지, 교회가 정치에 간섭하지 말라는 개념이 아닙니다."

이승만 대통령 관련 강의 중인 이춘근 박사.

- 가장 좋아하는 성경구절과 그 이유는 무엇인가요. 또 좋아하는 성경 인물은요.

"학자로서 요한복음 8장 32절(진리를 알지니 진리가 너희를 자유롭게 하리라)을 가장 좋아합니다. 성경 인물은 여호수아를 좋아하는데 뛰어난 전략가이자 장군이죠.

저는 요즘 성경 읽는 방법이 독특해졌습니다. 몇 년 전까지만 해도 저는 성경 따로 제 전공인 국제정치학 따로 생각하면서 읽었는데, 점점 성경을 읽는 것이 저의 국제정치학 공부가 되더라구요. 곧 장로로 임직을 하는데 성경에 관련된 책을 하나 써야겠다고 생각하고 있습니다. '성경의 국제정치학', '성경으로 읽는 전쟁', '하나님의 전쟁론' 등 이런 제목의 책이 될 것 같습니다. 제가 최근 3년간 2500여 페이지짜리 주석 성경 3권을 3년 동안 봤어요. 그것들을 읽으면서 컴퓨터로 내용을 정리해 놨습니다.

예를 들면 시내산이 높이가 2500미터 정도가 되는데, 우리나라 한라산보다 높아요. 모세가 80세가 됐을 때 그 시내산 꼭대기에 올라갔다는 거에요. 인간적으로도 하나님에게 충성을 안 바치면 못할 일입니다. 또 출애굽을 할 때 60만 명의 장정이 나왔다고 돼 있는데, 당시 60만이 남자 중 18~60세만 계수하는데 여자 60만과 아이들 120만을 인구통계학적으로 추정하면 실제로는 200만 명이 나온 것입니다.

또 노아의 방주는 톤수가 1만3000톤인데, 현재 우리나라 해군에서 제일 큰 배인 독도함이 1만4000톤 이거든요. 노아의 방주에는 양 정도 사이즈의 동물이 12만5000명이 들어갈 수 있고, 그 동물들이 1년 먹을 식량도 함께 들어갈 수 있습니다. 그런데 성경에 보면 노아의 방주가 표류한게 딱 1년 정도라고 기록돼 있어요. 성경이 이성적으로도 맞는 이야기라는 거죠. 저는 이런 것들을 직접 확인하면서 성경을 읽었는데 참 놀라웠습니다."

- 이 시대 크리스천 청년들에게 꼭 해주고 싶은 이야기가 있으시다면.
"하나님을 믿으면 강한 사람이 됩니다. 제가 딸만 둘인데 첫째 딸은 교회를 잘 다니는데 작은딸이 교회를 잘 안 다녀요. 현재 미국에 있는데 '100달러 줄게 설교 들어라'고 할 정도에요. 그런데 엄마가 너무 신앙을

이춘근 박사

강요하니까 어느 날은 울더라구요. 그러자 저희 아내가 그랬어요. '엄마가 강요하는 건 너를 울리려고 하는 것이 아니다. 살다 보면 우리 힘으로 안 되는 일이 많은데 하나님께 의존하라는 거다. 너를 위해서다. 우리보다 큰 힘을 의존해야 한다. 강요가 아니다. 살다가 힘들 때 하나님을 알게 되면 힘과 용기를 얻게 된다'고요.

젊은 사람들은 자기 힘으로 뭔가 된다고 생각하는데 절대 그렇지 않습니다. 제가 미국에서 박사학위를 받을 때 처음에는 제가 고생해서 받은 것으로 생각했어요. 그런데 그때 출석하던 미국 교회 목사님이 저에게 간증을 하라고 해서 간증을 준비하며 시를 하나 읽으면서 충격을 받았습니다. '모래 위에 발자국'이란 시였습니다. 시를 쓴 사람이 캐나다 성경학교 여자 교사였는데 그 사람이 직접 꿈을 꾸고 적은 시였어요.

그 꿈에서 하나님이 자신의 인생의 장면들이 쭉 보여주시면서 둘이 걸어가고 있었습니다. 그런데 보니까 놀라운 사실은 자기가 인생에서 괴로울 때 발자국이 항상 '하나'였단 거죠. 갑자기 짜증을 났습니다. '하나님 늘 나와 함께 한다고 했는데 왜 제가 힘들 때는 없었나요'란 불평이 들었다고 해요. 그런데 자세히 보니 예수님이 그때마다 자신을 업고 가고 있었기 때문에 발자국이 하나였다는 거에요.

그때 저는 깨달았습니다. 제가 미국에서 7년이나 갖은 고생을 하며 박사학위를 받았는데, 하나님이 제가 힘들 때마다 함께 해 주셨다는 것을요. 그래서 제가 간증을 할 때 그 시를 읽어줬습니다. 그 교회가 유학생들이 많은 교회였는데, 많은 사람이 감동을 받았어요. 정말 지금까지 제가 잘나서 한 게 아니라 하나님이 나를 도와서 할 수 있었던 것이었어요. 당시만 해도 제가 신앙적으로 A급은 아니었는데 저희 어머니가 미국에 가 있는 아들을 위해 중보 기도도 많이 해 주셨어요."

- 남은 인생에 하나님 안에서 이루고 싶은 꿈은 뭔가요.

"통일국가를 만드는 것입니다. 국제정치학자로 이 일에 여생 동안 기여하고 싶습니다. 기독교인을 떠나서도 제가 10년 전 마음 맞는 국제정치학자 친구들끼리 '우리가 국제정치학자로 대한민국에서 대우받고 살았는데 이제 기여할 바가 뭐냐' 이야기를 하면서 '이 나라를 통일하는데 마지막 정열을 바치자'고 뜻을 나눴습니다. 참 감사한 것은 제가 대학에서도 이미 은퇴했는데 지난 5년간 이 정부를 '자유'로 다시 바꾸는데 집중했고, 이제는 '복음통일'과 '예수한국'을 이룩하는 데 이바지하고 있습니다. 그 일을 꼭 이뤄내고 싶습니다."

- 한마디로 말한다면, 박사님에게 하나님은 어떤 분이신가요.

"전부입니다. 저의 존재를 있게 해준 분이라는 것을 점점 더 깨닫고 있어요."

이춘근 박사

이춘근 박사에게 배우는
홀리 인사이트(Holy Insight)

1. 무슨 일이나 공부를 하든지, 매일 먼저 성경을 읽고 묵상하라!

- 이 박사는 세상의 모든 지혜와 지식의 '오리지널'은 결국 성경임을 깨달았다. 국제정치학 분야 최고의 경지에 이른 그도 결국은 이제 성경을 먼저 공부하고 전공을 공부하게 됐다.

2. 돈·명예·권력을 쫓지 말고 하나님이 주신 재능으로 자기가 좋아하는 일을 하라!

- 이 박사는 어떤 목적을 위해 학문의 길을 선택하지 않았다. 그는 자기의 적성에 맞고 좋아했기 때문에 '공부'를 선택하고 흥미가 있는 '국제정치학'에 매진해 최고의 자리에 올랐다.

3. 노년에도 인생의 마지막 꿈을 하나님 안에서 찾고, 열정적으로 살라!

- 이 박사는 70세의 나이에 하나님의 인도하심으로 맡게 된 세계한인교민청장의 역할을 감당하며 국제정치학자로서의 쌓아온 실력을 바탕으로 '복음통일'과 '예수한국'을 만드는 인생의 마지막 꿈을 향해 달려가고 있다.

- 1974년 출생
- 이화여대 약대 졸업
- 백석대 중독상담학 석사·박사과정
- 영남신학대·미주장로회신학대 겸임교수
- (재)마약퇴치운동본부 이사 역임
- (사)한국가족보건협회 대표 역임
- (사)한국보건정보정책연구원 부원장
- 차세대바로세우기학부모연합 상임대표
- 에이랩(ALAF) 아카데미 선교회 대표
- 극동방송 1분 고정 칼럼
- CTS 4인 4색 출연(성경적 성교육)
- CTS '톡톡 포유' 고정패널(한국교회를 논하다)
- 성경적 성교육 동요 5편 작사·작곡(분별쏭, 내이름은 심콩이쏭, 남녀쏭, 결혼쏭, 절제쏭)

저서
- 덮으려는 자 펼치려는 자(2019)
- 너는 내 것이라(2020)
- 나의 어여쁜 자야(2020)
- 하나님이 지으신대로(2022)

김지연 약사

바른 사랑 전파하는
'차별금지법의 잔 다르크'

"모든 크리스천에게 그렇듯이 하나님은 나의 참부모이시며, 제 전부입니다. 내가 이 땅에서 누리는 모든 비본질적인 것들이 하나님을 대신할 수 없어요. 하나님은 나를 위해 이 땅에 피조물의 모습으로 오셔서 약속대로 죽으시고 부활하셔서 나를 구원하신 창조주이십니다. '나를 위해 죽어준 적이 있는 참신, 참 창조주의 품속에 있으며 그분을 믿고 있구나' 하는 깨달음이 왔을 때 그 사랑에 엄청 울면서 감사했던 기억이 있습니다."

2022년 6월 말, 서울 송파구에 위치한 한국가족보건협회 사무실에서 만난 김지연 약사(영남신학대 교수)는 자신의 하나님에 대해 이같이 고백하며 눈시울이 붉어졌다. 그녀는 "그 큰 은혜를 측량 못하기에 결국 되갚을 방법도 없다"며 "그저 그 사랑을 하나님의 형상대로 지음 받은 이웃들에게 흘려보내며 살아야 한다고 다짐할 뿐"이라고 말했다.

영국에서 통과된 차별금지법의 폐해를 세계적으로 알리며 신앙의 자유를 위해 힘쓰는 여자 변호사 안드레아 윌리엄스(Andrea Williams)처럼 '한국의 안드레아 윌리엄스'로 불리는 김지연 약사. 의사 남편과 두 딸을 두고 약국을 운영하던 김 약사는 어느 날 미국의 한 동성애 단체가 성경이 불법 서적 혹은 불온서적이라는 서명을 받고 있다는 뉴스를 듣고 서구에서 시작된 차별금지법이 미국은 물론 영국, 캐나다까지 불씨를 지펴 반기독교적인 혐오 논리가 점차 거세지고 있다는 사실을 알게 됐다.

그때부터 그녀는 현재까지 십수 년을 국내외 곳곳을 오가며 동성애의 문제점과 차별금지법의 폐해를 알리는 활동에 사명을 다 해오고 있다. 그뿐 아니라 대한민국 국회에서 2007년부터 발의된 차별금지법이 통과되지 못하도록 집회 등을 통해 온 힘을 다해 막아오고 있다. 최근엔 무더위에 단식투쟁으로 목숨까지 걸었던 '차별금지법의 잔 다르크' 김 약사에게 기자가 직접 물었다.

- 믿음의 4대로 태어났다고 들었습니다. 예수님을 인격적으로 만나신 것은 언제인가요.

"부모님과 함께 어릴적부터 교회를 다녔습니다. 잠들기 전후나 밥 먹기 전엔 당연히 기도해야 하는 것이고, 주일은 교회 가서 예배드려야 하는 것이고, 돈이 생기면 십일조 하는 것이고요. 딱히 불타는 신앙의 가정이었다기 보다는 면면히 오랜 세대에 걸쳐 예수 믿는 가정에서 자라다 보니 신앙에 있어서 크게 비포-애프터(Before-After)가 나뉘는

교회 강연 중인 김지연 약사.

사건이 있지 않았어요. 예를 들어 방언을 받았을 때도 감사하긴 했으나 많은 사람이 말하는 어떤 충격적 경험이 수반되지는 않았습니다. 오히려 출산 직후 첫 아이를 안았을 때 참부모이신 하나님의 심정을 알게 되어 폭풍 오열한 기억이 납니다.

외할아버지, 삼촌, 이모부 등 집안에 목사님들이 많았습니다. 그러다 보니 친척 중 사모도 많고, MK(선교사의 자녀), PK(목사의 자녀)들의 삶을 보며 살았죠. 그리고 그 희생과 수고를 보며 자연스럽게 체득한 신앙인의 삶이 모습이 있었습니다. 사모로 분주히 교회를 섬기던 큰이모의 딸이 엄마의 돌봄이 부재한 순간 큰 화상을 입어 이모와 가족이 눈물을 흘리는 것도 보았고, 먼 타지에 선교사로 먼저 가 있는 부모를 그리워하며 선교지에서 온 선물을 멍하니 바라보던 어린 사촌동생의 눈빛을 보며 자랐습니다.

김지연 약사

또한 목사의 딸이며, 목사의 여동생이며, 목사의 처제인 어머니와 믿음의 가문에서 자란 아버지 밑에서 삶 속에 묻어나는 면면한 신앙의 모습을 익히며 컸던 것 같습니다. 물론 아무리 신앙이 5대, 6대 거듭된다 해도 역기능이 전혀 없는 가정을 세워가기란 불가능에 가깝다고 생각해요. 그러나 적어도 그리스도의 사랑으로 그 역기능 즉, 허물이 덮일 수 있는 가정을 만들어가야 하며, 역기능을 최소화해야 한다고 생각합니다."

- 어렸을 때 장래희망은 무엇이었습니까. 약사가 꿈이셨는지요.

"장래희망은 원래 만화가였어요. 그림을 잘 그려서 중학교 때까지 그림대회 수상경력이 많았습니다. 그림대회가 없고 입시위주로 돌아가는 고등학생으로 살아갈 때도 수업시간에 만화를 그릴 정도로 무척 그림 그리기를 좋아했고, 주변에서도 만화가가 되면 성공할 거라는 바람잡이 친구들이 많았습니다. 그런데 만화가가 되기엔 공부를 너무 잘해서 당시 이화여대에서 커트라인이 가장 높았던 약대에 들어가게 됐죠.(웃음) 하지만 이후에도 파트타임 약사로 근무하면서 퇴근 시간 이후는 모두 만화가로 데뷔하기 위해 작품을 만드는 일에 투자했었습니다."

- 그러다가 비교적 일찍 남편을 만나 결혼했다고 들었습니다. 남편은 어떤 분이고, 두 분이 만남 가운데 하나님의 어떤 인도하심이 있으셨나요.

"남편과 스물다섯 살 때 사귀기 시작해서 그다음 해 결혼을 했어요.

사실 사귀었다기보다는 주변 사람들이 다 알 정도로 거의 일방적으로 남편이 저를 쫓아다닌 케이스였습니다. 아마 하나님이 저보다 더 기도하고 믿음 좋은 남편에게 '저 사람이 너의 배필이야'라고 강력한 시그널을 주셨던게 아닌가 싶습니다. 감사하게도 남편은 저에게 그렇게 열심히 구애 활동을 했던 본인의 젊은 시절을 '그때 내가 그러길 참 잘했지'라고 생각한다고 말해줍니다.(웃음) 지금은 오히려 제가 남편에게 고마워하고 존경하며 사랑하는 부부로 살아가고 있어요.

약사였지만 만화가가 되기 위해 구체적인 준비 중이었던 다소 엉뚱해 보였을 저를 너무나 잘 이해해 주고 사랑해준 남편의 청혼 덕분에 저는 장기연애하느라 시간 낭비하는 일 없이 일찍 결혼해 두 아이를 낳고 지금까지 비교적 안정적으로 사역할 수 있었던 것 같아요. 그리고 현재 두 딸의 지지도 너무나 고마울 뿐입니다.

저희 남편은 무엇보다도 인내심과 자애로움이 남달라요. 존경스러운 남자에요. 남편은 저의 모든 강의를 열심히 듣고 항상 좋은 피드백을 해줍니다. 부정적 피드백은 전혀 하지 않아요. 그런데 그게 저에게 항상 힘이 됩니다. '역시 당신이 최고야. 당신 그것도 참 잘한다.' 매일 들어도 힘이 나요. 진심으로 어린아이처럼 칭찬해 줘요. 최고에요."

- 동성애 반대 강의 활동은 어떻게 시작하게 되신 건가요.
"사실 동성애 자체에 대한 문제점을 알리는 것보다는 모든 성적지향과 모든 성별정체성을 인정하라는 법, 즉 차별금지법이 국내에 발의된 상황에서 그 법의 심각성을 알게 되어 주변에 알리다 보니 동성애 강의까지 하게 됐습니다. 즉, 차금법이 통과된 나라는 매우 영적으로 심각해진다는 풍문을 듣고 팩트 체크를 하는 과정에서 차금법이 실제로 매우 위험한 법임을 알게 됐고, 기독교인으로서 그리고 두 자녀의 양육자로서 반대할 수밖에 없었습니다.

어떤 사람들은 왜 한국교회는 동성애에 대해 강의까지 들어가며 동성애 정죄에 혈안이냐고 하는데, 그것은 역사를 몰라서 하는 말입니다. 한국교회가 동성애의 문제점을 알리는 이유는 2007년부터 지금까지 수차례 차별금지법이 발의되었던 최근 15년간의 상황 때문입니다.

'동성애가 죄가 아니라 동성애를 죄라고 말하는 행위가 오히려 죄야'라는 역리의 법을 막아내기 위한 일종의 '방어전'을 하느라 동성애의 문제점을 알리고 각성시킨 것이지 처음부터 한국교회가 특별히 동성애에 관심이 있었기 때문이 아니라는 뜻인거죠. 한국교회가 동성애 문제점을 알리는 집회를 하고, 국회의원을 설득하고, 국민을 깨우는 일을 하는 것은 한국교회가 유독 동성애에 관심이 많아서가 아니라 동성애 옹호 조장의 악법 앞에 신앙적 양심을 지키기 위한 일종의 '저항전'을 하는 것입니다."

- 현재 '저항전'은 어떤 상황이고, 우리가 잘 막아내고 있는 것인지 궁금합니다.

"현재 4개의 차금법 및 평등법이 국회에 무더기로 발의돼 있고, 그 법안 4가지 모두 남여 창조 질서를 파괴하는 조항 및 동성애, 성전환 옹호조항을 가지고 있습니다. 이 내용은 국회입법예고 게시판의 법조문을 통해 확인 가능합니다.

우리나라는 이미 2001년도에 국가인권위법이 제정될 때 동성애, 즉 성적지향이 차별금지 사유로 들어가 버렸습니다. 물론 인권위법은 차금법과는 달라서 어겼을 때 처벌하는 조항은 없어요. 그런데 인권위에서 차금법을 제정하라고 국가에 요구를 한 것이 문제가 되는 것이죠.

지난 2007년 처음 차금법 발의 이후 계속 막아내는 중인데, 한국이 계속 이 법을 막아내는 것이 전 세계의 희망이 될 것입니다. 제가 요즘 차별금지법 · 동성애 강의를 하러 미국과 유럽, 베트남과 필리핀 등 전 세계에 가고 있습니다. 전 세계에서 왜 나만 부를까요. 그 이유는 우리나라가 현재 잘 막아내는 나라일 뿐 아니라 제가 평범한 두 아이의 엄마이자 평신도이기 때문이기도 합니다. 그냥 약사이고, 교수이지만 강력한 어떤 이데올로기나 정치적 영향력을 품은게 아니라, 평범한 나 같은 평신도 엄마까지 나서서 외치는 모습이 신선한 충격을 주는 거죠."

- 반대 진영으로부터 공격도 많이 받으셨을 것 같습니다.

"2018년에 지인으로부터 우려스러운 제보를 받는데, 제 사진을 벽에 붙여 놓고 해머를 내리치는 장면이 동성애자 단체의 SNS 계정에 게시돼 있다는 내용이었습니다. 그러니까 당분간 조용히 지내는 게 좋겠다는 걱정 어린 충고였어요. 지인의 말대로 정말 동성애자 단체는 사무

김지연 약사

실을 이전하는 날 저의 사진을 벽에 붙여 놓고 해머로 내리찍는 폭력적인 행사를 하고 사진을 촬영했더라구요. 그리고 그걸 만천하에 알리고 싶었는지 그들의 공식 SNS 계정에 올려놨습니다.

저는 지자체, 교육청, 국공립 및 사립학교, 종교단체, 기업 직원 교육, 기타 학부모 단체나 시민단체 등으로부터 동성애의 의료보건적 문제를 알려 달라는 요청을 받고 강의를 했어요. 약사로서는 나름 국내뿐 아니라 타국 약사고시까지 합격하고, 각종 세미나에 빠지지 않고 참여하며 게으르지 않은 의료보건인으로 살아가고자 노력했었습니다.

저는 강의장에서 대한민국을 포함해 각국의 질병관리본부가 제공하는 동성 간 성행위의 의료보건적인 문제를 홈페이지에서 그대로 캡처해서 강의 시간에 활용합니다. 굳이 세계보건기구나 유엔 산하 에이즈 관리국, 미국, 영국, 캐나다 보건국을 직접 안 찾아가도 어지간한 자료는 다운로드해 활용할 수 있어요. 보건당국이 공개하고 있는 공신력 있는 자료들을 그대로 인용한 강의를 주로 하다 보니 저는 우리나라 최초의 국가 차원 성교육 표준안 공청회 및 좌담회에 교육부와 여성정책당국의 공식적인 요청을 받아 발제자로 수차례 서기도 했습니다.

그런데 문제가 생겼어요. 이런 팩트를 말하지 말라는 압박이 들어오기 시작한거에요. 자칭 동성애 인권 운동가라고 하는 사람들이 제가 주최한 에이즈 예방 캠페인에 와서 행패를 부리는가 하면, 그들의 회의에 제 이름이 오르내리고 있다는 제보 등이 들려왔습니다. 그들의 요구는 팩트를 말하지 말라는 것이었습니다. 그들은 현실을 거짓으로 포장하

2022년 6월 30일 서울 한국가족보건협회 사무실에서 기자와 인터뷰한 김지연 약사는 "동성애 반대 활동은 신앙적 양심을 지키기 위한 '저항전'"이라고 말했다.

고 에이즈와 동성애가 무관하며 콘돔만 잘 쓰면 된다고 말하라고 압박했습니다. 즉, 거짓말하라는 것이 그들의 요구였습니다.

저는 그것을 거절했습니다. 그래서인지 결국 그들은 해머를 들었습니다. 그리고 저의 사진을 내려찍었습니다. 그리고 거기에 그치지 않고 인터넷에 게시했어요. 저에게 협박과 모욕을 가한 것이죠. 저 또한 두 자녀의 엄마이며 한 남자의 배우자입니다. 손주와 사위 그리고 딸을 걱정하고 사랑하는 평범한 노부모의 자녀이면서 교회 공동체에 몸담은 성도로 살아가고 있습니다. 그런데 그들은 그런 것은 안중에도 없었습니다.

해머질은 누가 봐도 비상식적인 폭력 행위에요. 인간은 길 가다가 해

김지연 약사

머에 맞든 안 맞든 한 번은 죽게 되어있습니다. 이후 천국과 지옥 중 한 곳으로 가게 됩니다. 저도 망치에 맞든 안 맞든 한 번은 육을 벗게 될 것입니다. 이 땅에서의 죽음을 맞이하게 될 것입니다. 그들의 협박은 저를 위축시키지 못했습니다.

그리스도의 자녀들이 육을 벗고 갈 곳, 그 실상은 우리의 믿음대로 천국입니다. 그러기에 저를 핍박하고 혐오자로 몰고 심지어 그 모든 억울한 혐의를 이 땅에서 다 벗지 못한 채 망치를 든 자들 앞에 서 있다가 이 땅을 떠나도 억울하기만 하진 않을 것입니다. 우리의 무릎은 거짓과 죄 앞에 꿇으라고 만들어진 것이 아닙니다. 오로지 예수님의 은혜 앞에만 내 무릎을 꿇게 되기를 오늘도 소망할 뿐입니다."

- 2022년 5월에는 단식투쟁도 하셨었습니다. 건강에 이상은 없으셨나요.

"몸도 힘들었지만, 마음이 더 힘들고 무거웠어요. 2020년 장혜영(정의당), 이상민 · 박주민 · 권인숙(민주당)이 차례로 발의한 4개의 차금법 및 평등법 모두 철회되지 않고 오히려 법사위 소위원회 공청회를 통과하는 등 매우 심각한 수위로 차금법이 진행되는 상황 속에서 그간에는 느끼지 못한 긴장감이 느껴져 단식투쟁까지 벌이며 싸우게 되었습니다.

그간 저는 안정적인 약사로서의 모든 직업을 포기하고 강의나 일인시위, 기자회견, 칼럼 쓰기, 저술, 방송 출연 등 제가 할 수 있는 모든 방법을 다 동원해서 차금법의 문제점을 알려왔습니다. 그 과정에서 하나님의 은혜로 많은 성도를 깨울 수 있었어요. 그럼에도 불구하고 차금법이 법사위의 반쪽짜리 공청회를 통과한 상태며 차금법을 패스트트랙에 올리려는 시도가 있을 것이라는 모 국회의원이 말을 듣고 난 뒤 결국 단식투쟁까지 하게 됐어요. '몸 날려 싸우는 방법밖에 남지 않았구나' 하는 생각이 들었거든요.

당시 월요일부터 목요일까지 나흘간 단식투쟁을 했는데, 사실 생각보다 오래 버티지는 못했습니다. 열흘을 예상했는데 뜻밖의 복병이 바로 무더위였어요. 옥외 단식투쟁은 처음이라 예상치 못한 변수가 작용했습니다. 5월 하순경 땡볕이 텐트 안에서 찜통 열기로 변해 낮에 버티기가 많이 힘들었습니다.

그래도 나흘간 계속 텐트 옆에서 자리를 지키며 혈압 · 맥박 · 혈당을 체크해 주는 성도님도 계셨고, 광주에서 온 젊은 청년의료인 한 분이 아무것도 바라지 않고 나흘 내내 헌신해 주시기도 해서 참 감사했습니다. 나흘째 저녁 되던 날 1분당 96~97 이상으로 심박이 올라간 채 2시간을 끌다가 결국 단식을 중단하고 귀가했어요. 지인이 '그럴 땐 앰블런스를 불러서 마무리해야지'라며 농담 반 진담 반으로 위로를 해주기도 했습니다."

– 10년 넘게 이 활동 등을 하는데, 지치거나 슬럼프가 올 때도 있었지요.

"최근 심각한 자괴감이 온 사건이 있었어요. 큰 아이가 재수를 하는 중이었는데 수능원서를 넣어야 하는 기간에 그만 아이의 원서 접수를

김지연 약사

잊어버리고 말았습니다. 차금법 발의로 위기상황 속에서 깨어있는 많은 성도가 모두 지쳐가며 싸우고 있었던 작년 8~9월 때였습니다. 9월 중순, 나와 함께 10년째 차금법과 싸우는 학부모 단체 일을 동역해주고 있는 총무님이 '대표님, 큰애 원서는 넣었죠? 설마 잊은 거 아니죠'하고 알려주는 바람에 큰아이 수능 접수일을 잊어버리고 지나갔다는 사실을 알게 되었습니다.

'아무리 사역에 골몰했어도 그렇지 아이의 수능원서 접수를 잊어버리다니…. 나는 엄마 자격도 없다'라는 자괴감에 너무 충격을 받았습니다. 정말 다리에 힘이 빠지고 머리가 멍해졌습니다. 재수생이 수능을 보지 못하게 된 상황이 된거에요. 그때의 느낌은 말로 설명을 할 수가 없습니다. 제 주변에서도 무어라 할 말이 없다는 반응이었습니다. 집안 어르신들에게도 제대로 말도 전하지 못했습니다.

그런데 착한 딸은 저를 원망하지 않았어요. 자신이 챙기지 못한 것을 어쩌겠냐고…. 너무 착한 딸입니다. 그게 작년에 우리 집에 있었던 일 중 하나입니다. 이외에도 많은 일이 있었지만 최근 일 중에는 이 일이 트라우마처럼 남아 있어요. 담임제도 없이 각자 공부하는 재수학원에 다니다가 결국 2020년보다 한 달이나 빨라진 수능 접수 기간을 놓친 이 사건은 지금도 제 가슴을 쿵 떨어지게 만듭니다.

그리고 최근에는 건강상 적신호가 한 번씩 오고 있어요. 나이를 먹어가니 자연스러운 현상인 듯하기도 합니다. 제 또래의 친구들이 암에도 많이 걸리고, 모이면 점점 질병과 건강 이야기를 주로 나이가 되었습니다. 게다가 코로나 와중에 기차에서 식사를 금지한 탓에 식사를 제때 하지 못해 위장병과 체력저하도 왔습니다."

- 이런 모든 문제를 결국 신앙의 힘으로 이겨 내시나요.

"그때그때 마다 그저 하나님의 긍휼과 도우심을 구합니다. 그리고 주변에 기도를 많이 부탁합니다. 기도가 가장 큰 힘입니다. 지속적이고 일관성 있는 기도부대의 도움이 절실합니다. 개인적으로는 때론 찬양을 크게 틀어 놓고 같은 찬양을 2시간씩 듣기도 해요. 정말 맘이 어렵고 힘들 때, 그러나 하소연할 곳이 없을 때 크게 찬양을 틀고 따라 웅얼거립니다. 방언 기도도 도움이 많이 됩니다. 방언 기도는 불면증에도 때로 도움을 줘요. 그리고 가족과 많은 허깅, 애착 관계를 쌓는 편입니다. 저는 가족 간의 애착 경험을 매우 중시하고 그 효과가 지대함을 경험을 통해 잘 알아요."

- 가족관계가 참 좋은 것 같습니다. 스스로 어떤 아내, 엄마라고 생각하시나요.

"저희집에서는 저만 문제에요.(웃음) 부족하죠. 아이들에게 많은 시간을 투자해 주지 못해 늘 마음속에 미안함으로 남아 있습니다. 아이들도 그것을 알아요. 저를 위해 배려를 해주고 있어요. 저는 저대로 미안함이 있고요. 그럼에도 매일 10초 이상 서로 안아주면서 애착 경험을 하고, 가정예배 드리고, 성경 암송반을 하며 키웠습니다.

김지연 약사

한국가족협회 사무실 로비에서 인터뷰 중인 김지연 약사. 왼쪽 위에 인터뷰 당시 협회에서 대형 교회들을 대상으로 단체 상영을 진행했던 영화 '언플랜드' 포스터 가 보인다.

　저는 어려서부터 학원을 많이 다니지 않게 배려했습니다. 그렇게 해야 암송할 시간이 있기 때문이에요. 아이들이 사실 암송은 많이 못 했지만, 엄마가 학원도 안 다니게 하고 말씀 중심인 걸 진심으로 보여주니까 그게 아이들 마음 중심에 인식이 됐어요. 아이들에게 말로 줄 수 있는 교육과 행동으로 줄 수 있는 교육이 있거든요. '말씀이 중심이야'라고 백날 이야기하면서 학원만 계속 보낸다면 결국 영적 고갈이 오고 분열이 옵니다. 어려서부터 이렇게 교육하니까 아이들이 지금 엄마가 하는 일도 잘 이해해줘요. 아내로서는 남편에게 항상 미안하고 고맙고. 그리고 존경하죠. 연애할 때 많이 튕긴 것도 미안하구요.(웃음)"

- 아이들에게 성경 암송반을 하게 된 계기가 있나요.

"너무나 소중한 자녀이기에 최고의 것을 주고 싶었습니다. 내가 자녀와 생을 공유하는 시간이 앞으로 얼마나 남아 있을지 모르는데, 명예 · 인기 · 돈 · 학벌 같은 결국 썩을 것만 주다가 떠나서는 안 된다는 생각이 늘 뇌리를 떠나지 않았습니다. 썩지 않는 것, 영원한 하나님 나라를 그들에게 상속시켜야 한다고 생각했어요.

'태초에 말씀이 계시니라. 이 말씀이 하나님과 함께 계셨으니 곧 하나님이시라'하는 말씀부터 시작해 많은 구절을 먼저 내가 암송하고 아이들에게도 암송을 시켰습니다. 암송 자체가 목적이라기보다는 그 과정에서 아이들이 '왜 내가 이렇게 암송을 할까'를 생각하며 결국 말씀 중심의 삶을 살아야 함을 체득하게 하는 것이 목적이었습니다. 저도 그간 많이 암송하고 많이 까먹었어요. 하지만 지금도 여전히 습관적으로 암송을 하는 삶을 살아가고 있습니다."

- 크리스천 부부로서 성공적인 결혼생활의 비결이 있다면 어떤 것인가요.

"성공적인 결혼생활이라고 할 수 있을진 모르겠지만 결혼 24년째에 접어든 부부로서 여전히 한방에서만 잠을 자고, 아무리 사역이 바빠도 잠은 집에서 잔다는 원칙을 최대한 지키고, 부모와 자녀 간 즉 가족 간에 매일 10초 허깅을 하며 애착 경험을 서로 나누고, 무엇보다도 주안에서 방향성이 같은 사역을 하는 '동역자'로 살아가기에 빌립보서가 말하는 'one purpose, one spirit'으로 삶을 공유하려고 노력합니다.

김지연 약사

아무리 취미나 성격이 잘 맞아도 비전과 신앙이 일치하지 않는다면 그 부부는 행복하기가 어려울 것이라고 생각해요. 부부간에 신앙과 비전의 일치 속에 함께 예배 잘 드리고, 애정의 표현을 아끼지 않고 늘 사랑의 안아줌과 고백이 있는 부부가 되려고 노력해야 합니다.

또 저희는 신혼 때부터 약속한 데로 남편과 저는 여전히 서로에게 존댓말을 씁니다. 사랑은 무례히 행치 아니한다는 말을 지켜가며 '거룩한 텐션'을 유지하며 어떤 것이라도 공유하며 살아가는 것이 부부가 되려고 노력합니다. 물론 저희도 평범한 부부라 때로는 언쟁도 있고 의견이 맞지 않을 때도 있어요. 그런데 부부싸움도 여유와 체력이 있어야 할 수 있더라구요. 그리고 싸우더라도 존댓말은 꼭 하고, 주로 남편이 저에게 많이 져 주는 편입니다.(웃음)"

- 이 시대 크리스천 청년들에게 해주고 싶은 말이 있으시다면.

"만나보면 왜곡된 결혼관, 성 가치관에 빠진 청년들이 많더라구요. 심각한 비혼주의, 극단적 페미니즘에 자신도 모르게 젖어 있는 청년들, 동성애와 간음적 연애에 빠진 청년들을 교회에서 만나고 상담도 했었습니다. 청년들이 세상 미디어에 속지 말고 결혼을 통해 가정을 이루고 생육, 번성, 충만, 정복, 다스림의 길을 걸어갔으면 좋겠습니다.

일례로 성전환을 하겠다고 결심하고 수술비까지 지불한 청년의 부모님과 5개월간 상담을 했는데, 결국 잘 종결돼서 가정이 회복되고 성전환 수술도 하지 않았던 사례가 있습니다. 애착 경험이 없는 가족과의 관계에서 문제가 발생했는데 인지행동 치료 요법 쪽으로 해결책을 제시했어요. 부모님에게 먼저 듣게 했고, 전화 상담도 병행했습니다. 실제로 이렇게 가족 간 관계 때문에 문제가 생기는 경우가 많았습니다."

- 한마디로 말한다면, 약사님께 하나님은 어떤 분이신가요.

"모든 인간은 고독을 느낍니다. 그리고 그 고독의 궁극적 해소는 하나님을 통해서만 구현됩니다. 우리가 육을 입고 있는 고로 완전히 해소하지 못하고 있는 근본적 고독이 해소되는 순간, 즉 하나님을 만나는 그날을 앙망하며 살아갑니다. 육의 죽음은 하나님을 만나는 파이프라인에 불과해요. 삶과 죽음의 경계가 매일 더욱 희미해지는 크리스천, 그 성화(Sanctification)의 길로 오늘도 이끄시는 하나님. 하나님은 저에게 사랑이십니다."

김지연 약사에게 배우는
홀리 인사이트(Holy Insight)

1. 시대가 악해도 신앙적 양심을 지키고 하나님 편에 서라!

- 동성애가 죄가 아니라고 이야기하고 그것을 강요하는 차별금지법을 살피던 김 약사는 신앙적 양심을 지키기 위해 적극적으로 나서고 반대 강의 활동까지 하게 됐다. 반대편의 많은 공격도 있었지만, 그는 핍박을 각오하고 하나님 편에 서서 하나님의 마음을 시원하게 해드렸다.

2. 하나님의 일을 위해서는 지속적이고 일관성 있는 '기도부대'의 지원이 필요하다!

- 차별금지법 반대 강연 활동으로 가족들의 일을 챙기지 못하고 건강도 적신호가 오는 등 힘든 시기에 김 약사는 주변에 기도를 많이 부탁했다. 무엇보다 그녀는 기도가 가장 큰 힘이라고 말한다. 특히 사역을 위해서는 지속적이고 일관성 있는 중보기도 부대의 도움이 절실하다.

3. 습관적으로 말씀을 암송하라! 자녀들에게도 암송을 통해 어릴 때부터 말씀을 새겨 주어라!

- 자녀들에게 최고의 것을 주고 싶었던 김 약사는 '영원한 하나님 나라'를 그들에게 상속시키기 위해 창세기 1장1절부터 시작해 자신이 먼저 암송하고 아이들에게도 암송시켰다. 암송 자체가 목적이 아닌 결국 말씀 중심의 삶을 살아야 함을 체득하게 하는 것이 목적이었다. 그녀 또한 지금도 여전히 습관적으로 암송을 하며 말씀을 통해 힘을 얻는다.

- 1958년 출생
- 서강대 경제학과 졸업
- 서강대 정치외교학과 졸업
- 미국 워싱턴대 경제학 석사
- 미국 예일대 국제개발경제학 석사
- 영국 그린드래이즈은행 서울지점 근무
- UNDP(유엔개발계획) 내셔널컨설턴트 근무
- 국제교류협력기구 이사장 역임
- KDI(한국개발연구원) 경제전문가 모니터 위원 역임
- 가천대 교수
- 동북아경제학회 이사
- 바른교육교수연합 대표
- 에스더기도운동 대표

저서
- 북한 정치 경제(2020)
- 북한 바로 알기(2018)
- 북한 장마당의 개혁 개방적 역할에 대한 고찰(2017)

하나님이 쓰신 사람 / 북한 분야

이용희 교수

북한 동포 구원을 위해
목숨 내건 '기도의 용사'

"하나님은 저를 지으신 창조주(성부)이시고, 죽어서 지옥에 갈 수밖에 없는 저를 위해 십자가에 달리신 구세주(성자)이시고, 제가 부르심대로 살 수 있도록 지도하시고 동행하시는 나의 인도자(성령) 이십니다."

삼위일체(三位一體) 하나님에 대한 그의 신앙고백은 명확했다. 2022년 7월 서울 광화문 세종문화회관 앞에서 기자와 만난 이용희 교수(가천대, 에스더기도운동 대표)의 첫인상은 마치 '선한 목자'처럼 보이는 온화한 인상의 중년 남성이었다. 이날 '퀴어축제 반대 국민대회' 기자회견을 마치고 서둘러 인터뷰 장소로 이동해 온 그의 목소리에서 부드러움으로 감싸진 하나님을 향한 뜨거운 열정이 느껴졌다. 나라와 민족을 위해 기도하는 기도운동을 이끄는 대표답게 교회를 향한 매서운 질타도 서슴지 않았다.

"한국교회도 그렇고 에스더기도운동도 그렇고 해야 할 일이 참 많은

이용희 교수

데, 저는 북한 구원과 복음통일이 그중 가장 우선순위라고 믿습니다. 전 세계에 북한만큼 불쌍한 나라가 없는데, 우리는 왜 북한을 위해 더 일하고 기도하지 않을까요. 성경의 유대민족도 바빌론에 70년 지배를 받은 뒤 풀려났는데 북한은 분단 후 현재 70년이 지났는데도 전 세계 각종 자유 지수마다 꼴등, 노예 지수는 세계 1등입니다. 한국교회는 왜 동족의 핏값에 대해 이토록 무심할까요. 저는 이런 면에서 딤전5:8(누구든지 자기 친족 특히 자기 가족을 돌아보지 아니하면 믿음을 배반한 자요 불신자보다 더 악한 자니라) 말씀에 한국교회가 실패하고 있다고 생각합니다."

1992년 이화여대 다락방 기도모임으로 시작해 2006년 신촌에서 조그만 건물의 7층을 빌려 '종일종야 기도모임'을 진행하던 그와 몇십 명의 멤버들은 '평양 대부흥 100주년 기념' 해이자 대통령 선거가 있던 2007년 1월 첫 주 교회와 나라가 이렇게 가면 안 되겠다는 생각이 들어 북한 동포의 해방과 자유, 복음을 위해 우여곡절 끝에 오산리 금식기도원을 3일간 빌려 3000여 명이 참여한 '에스더 단식성회'를 열었다. 현재의 '에스더기도운동'의 시초가 된 모임이었다. 사실 북한 동포들을 위한 기도와 사역을 해 온 것은 훨씬 더 이전부터다.

"90년대 '고난의 행군' 시기에 월요기도모임을 하면서 북한의 상황을 들으며 북한 후원운동을 처음 시작했습니다. 탈북민들과 북한선교를 위해 기도하면서 94년부터는 월요모임에서 북한 기도에 대한 비중이 더 높아졌어요. 당시 월요기도모임은 목사님들도 계셨고 분야별 전문가들과 교수 친구들도 왔고 저의 제자들도 있었습니다. 처음엔 20여 명 정도 모이다가 30~40명까지 모이게 됐죠. 거기서 북한 구원 운동을 하면서 헌금도 하고 탈북민 구출 사역도 했었어요."

이후 에스더기도운동을 시작하면서 그는 본격적으로 탈북자 구출 사역을 했다. 중국 선교사들을 중심으로 구출조를 만들어 중국에 있던 탈북민들을 동남아 국가들의 우리나라 대사관으로 넘기는 방식이었다. 여러 해 사역 동안 구출조가 감옥살이도 하고 추방당하는 일이 빈번해지면서 현재는 직접 구출 사역보다 후원을 위주로 하고 있단다. 그렇지만 북한 동포를 위한 기도만큼은 둘째가라면 서러울 것이다. 청년 시절부터 문제가 생기면 금식기도와 철야 기도를 했다는 그는 처음부터 기도의 용사였을까.

"처음에는 전도를 위해 기도했어요. 전도하기 위해 성령의 권능이 필요해서 기도했는데, 지금은 나라를 위해 기도하는 기도운동을 하게 돼 제가 생각하지 않았던 그림이 됐습니다. 전도인으로 살려고 했는데 기도인으로 살게 된 거죠.

저는 기도는 '훈련'이라고 생각해요. 처음에 군대에서 교회건축을 위해 모금하기 전에 40일을 밤마다 1시간씩 기도했었어요. 그러다 기도가 더 필요하니까 기도시간을 2시간으로 늘렸죠. 처음엔 힘들었지만, 곧 익숙해지고 더 어려운때는 3~4시간도 하게 됐습니다. 이처럼 기도는 훈련입니다. 운동처럼 '기도의 근력'을 키워 나가야 해요. 중보기도

이용희 교수

2022년 7월 광화문 세종문화회관 앞에서 기자와 인터뷰 한 이용희 교수는 "북한 구원과 복음통일이 가장 우선순위"라고 강조했다.

학교를 한다면 강의만 하면 안 되고 1시간씩이라도 기도를 함께 시켜야 합니다. 예수님이 하셨던 것처럼 산기도도 하고, 철야기도도 하고, 금식기도도 하고, 성경적으로 예수님을 본받아 기도도 훈련해야 합니다. 기도는 기도현장에서 가르쳐야죠."

딤모데후서 2:20(큰 집에는 금 그릇과 은 그릇뿐 아니라 나무 그릇과 질그릇도 있어 귀하게 쓰는 것도 있고 천하게 쓰는 것도 있나니) 말씀을 언급하면서 한국교회가 하나님 앞에서 나아가야 할 방향도 제시했다.

"하나님은 깨끗한 개인과 교회, 민족, 나라를 쓰시는데 우리가 음란이나 낙태 등의 죄들로 타락하면 안 됩니다. 우리나라가 현재 차별금지법과 동성애, 낙태법 등 하나님을 대적하는 것들을 막아내지 못하면 다음 세대도 하나님이 쓰실 수 없어요. 우리가 거룩해야 복음통일도 의미가 있는 것입니다. 깨끗한 그릇이 되기 위해 거룩운동을 해야 하고, 동성애와 낙태 등을 막아서야 합니다. 함께 기도하고 공식적으로도 같이 힘을 쏟아야 합니다. 결국, 우리가 거룩할 때 복음통일도 이룰 수 있다고 생각해요." 다음은 기자와 이용희 교수의 일문일답.

- 어떻게 처음 예수님을 만나게 되셨나요.

"모태신앙인데, 어머니가 독실한 기독교인이셨어요. 1958년 12월 28일 서울 서대문구 북아현동에서 5남매 중 막내로 태어났습니다. 아버지는 은행에 근무하셨기 때문에 경제적으로 큰 어려움 없이 어린 시절을 보냈습니다. 신앙도 없었던 아버지는 종갓집 장손이었음에도 불구하고 어머니와 결혼하시면서 교회에 출석하면서 제사를 드리지 않겠다고 선언하셨어요. 어머니의 전도로 친가에 복음이 들어왔고 지금은 대부분의 친척들이 예수를 믿고 있습니다.

저희 어머니는 굳건한 믿음의 소유자셨어요. 저는 어렸을 때부터 일반 동화 대신 성경 동화를 들으며 자랐습니다. 어머니의 무릎에서 신·구약 성경 이야기를 들으며 믿음을 키웠어요. 어머니는 산상수훈, 사랑장, 시편 1편 등을 외우게 하셨고, 다 외우면 상으로 용돈을 주시기도 하셨습니다. 부흥회나 신앙집회가 있으면 늘 저를 데리고 다니셨어요. 주일 아침마다 헌금을 주셨는데 늘 빳빳한 새 돈을 쥐어주셨어요.

당시 집에서 10분 거리에 있던 서울 신촌 대현교회에 출석했는데, 어머니는 저를 오전 주일학교 예배뿐 아니라 오후 예배까지 꼭 보내셨어

이용희 교수

요. 가족 중에 주일성수 문제로 어머니를 이길 수 있는 사람은 아무도 없었습니다. 그래서인지 아파서 학교에 결석하고 직장을 결근하더라도 지금까지 주일예배는 빠진 적이 없습니다. 어머니가 보여주신 신앙교육의 열매에요.

새벽기도를 매일 다니셨던 어머니는 5남매가 입학시험을 볼 때마다, 집안에 중요한 일이 생길 때마다 금식기도를 하셨습니다. 고모가 우리 5남매에게 이런 말씀을 하신 적도 있어요. '너희 5남매가 입시에 실패하는 것을 거의 못 봤다. 너희 어머니가 믿는 하나님이 기도를 들어주시는 것을 보면서 나도 교회에 나가게 됐다.'

한 번은 이런 일도 있었어요. 어릴 때 살던 집에 우물이 있었는데 두레박질을 하다가 그만 줄을 놓치고 말았습니다. 아무리 해도 두레박을 건질 방법이 없었어요. 어쩔 줄 몰라 발을 동동 구르는데 어머니가 지나가시다 우리 앞에서 기도하시는 것이었습니다. '하나님! 저 두레박을 건져주십시오.' 그리고 어머니는 끈에 묶인 갈고리를 내리셨는데 한 번에 두레박을 건져내셨습니다. 어린 나이에 '아, 하나님은 살아계시고 기도하면 응답해 주시는 분이구나' 하고 생각했어요. 이런 어머니의 기도 응답들이 제 기억에 수두룩합니다."

- 교수님께는 어머니가 신앙의 길잡이셨군요.

"저는 자연스럽게 어머니로부터 중요한 영적 원리를 배웠습니다. 교회 문제로 의견이 엇갈리면 어머니는 남편이나 아들 편을 들지 않고 담임목사님을 지지했어요. 어머니는 늘 '목회자의 결정이 성경에 명백히 어긋나지 않는 한 권위에 철저히 순종해야 한다'고 말씀하셨습니다. 그런 어머니를 통해 영적 지도자에 대한 순종, 존중의 태도를 배웠습니다.

또 어머니는 중요한 결정을 할 때 자신이 하지 않고 아버지가 결정하시도록 배려했어요. 그래서 우리 5남매는 '가장에 대한 복종이 이런 것이구나'라는 것을 자연스럽게 배웠습니다. 중요한 결정을 할 때마다 어머니는 반드시 기도하셨고 결정은 아버지가 하시도록 했어요. 어렸을 때는 잘 몰랐는데 지나고 보니 어머니가 성경에서 말하는 영적 권위에 철저히 순종하는 삶을 보여주셨던 분임을 깨닫게 됐습니다.

그렇지만 어머님의 하나님이 아니라 나의 하나님, 제가 실제적으로 주님을 만난 건 대학 2학년 여름방학 때였습니다. 초교파적 선교단체인 이대 다락방 전도 수련회 참석 중에 주님을 영접했어요. 어려서부터 모태신앙으로 중·고등부 회장도 하고 열심히 교회를 다녔었지만, 그전까지 막연하게 하나님을 믿었었거든요. 그 수련회 이후 여름방학 때마다 농어촌 전도를 다녔습니다. 이후 초신자들을 초청해 수련회 진행을 하다가 성령체험도 하고 방언도 받았습니다. 대학시절 이대 다락방 활동은 하나님에 대해 헌신하게 되는 계기가 됐죠.

1978년 8월 말 '농촌 초신자 수련회' 저녁 집회가 끝난 후 혼자 이화여대 다락방전도협회 3층 채플실에 혼자 남아 밤새도록 기도했습니다. '주님, 헌신은 제가 했지만 이루실 분은 주님이십니다. 저는 아무 능력이 없습니다. 오늘 밤 이 헌신이 훗날 주님 앞에 설 때까지 온전히 이뤄

이용희 교수

지도록 저를 붙잡아 주십시오.' 이런 기도를 하면서 밤새 부르짖었어요. 얼마나 간절하게 기도했는지 새벽녘이 되었을 때 내 몸은 소낙비를 맞은 사람처럼 축축하게 젖어 있었습니다. 양말에서 물이 주르르 흘러내릴 정도였어요. 제 평생 첫 경험이었습니다. 제힘으로는 그렇게 기도할 수 없었는데 주님께서 저를 불쌍히 여기셔서 그날 밤 온 힘을 다해 부르짖어 기도할 수 있도록 붙잡아 주셨어요.

날이 밝아올 때 제 육신은 축 늘어졌습니다. 하지만 영혼은 한없는 기쁨과 감사로 충만했어요. 세상 만물이 새롭고 아름답게 보였습니다. 눈에 보이는 모든 사람이 사랑스러웠어요. 마주치는 사람들이 외모로 보이지 않고 영혼으로 보이기 시작했습니다. 예수를 모르는 사람들을 보면 견딜 수 없는 안타까운 마음이 들었습니다."

- 교수님의 대학 시절은 어떠셨습니까?

"농촌 전도를 다녀온 후 제 인생은 180도 변했습니다. '과거의 나로 살지' 아니면 '새로운 전도자로 살아갈지'의 고민은 그날로 끝냈어요. 그날 밤 주님께서 부어주신 은혜로 말미암아 예수 제자로서 평생 살아가기로 결단했습니다. 변화는 소비생활에서부터 시작됐어요. 당시 대학생들은 A(Alcohol · 술) B(Billiards · 당구) C(Cigarette · 담배) D(다방)에 대부분의 용돈을 지출했고 저도 비슷했는데, 청지기로서 하나님께서 내게 주신 물질을 이렇게 쓰면 안 되겠다는 생각이 들어 그날부터 술 · 당구 · 담배를 끊었습니다. 다방은 성도 간 교제가 있을 때만 출

1978년 7월 이화여대 다락방전도협회 농촌전도팀이 자리를 함께했다. 앞줄 가운데가 이용희 교수.

입했구요.

 이후 서강대 2학년 2학기 때부터는 이대 다락방대학생연합회 임원을 맡아 활동하기 시작했습니다. 성경을 가방 속에 넣고 다니며 시간 날 때마다 말씀을 읽었어요. 옛날 습관과 언행을 교정하기 위해선 말씀의 은혜가 절대적으로 필요했습니다. 친구들은 나보고 '사람이 변했다'고 했어요. 세상 친구들과 보내던 시간은 점점 줄어들었고 예수 믿는 사람들과 주님의 일을 하는 시간은 대폭 늘었습니다. 그렇게 대학에 입학하면서 겪었던 방황도 끝이 났습니다. 세상에 대해서도 비판적이고 부정적이었는데, 어느새 매사에 밝고 긍정적인 표정으로 변했습니다. 2학년 여름방학 때 예수님을 구주로 모신 이후 내 인생은 점점 새롭게 바

이용희 교수

꾸게 된 거죠."

- 군복무시절 이등병 때부터 군종병을 하고, 군 교회 건물도 짓고 나오셨다고요.

"농촌 전도를 열심히 하다가 대학교 졸업 후 사병으로 군대를 늦게 갔어요. 강원도 철원에 있는 부대였는데 비무장지대에도 경계근무를 들어가는 곳이었어요. 너무 춥고 힘들어서 첫 겨울에 무좀·동상·치질이 한꺼번에 걸릴 정도였습니다. 산악을 타니까 겨울에도 발이 땀에 젖었는데 그대로 다시 서 있으면 동상과 무좀이 함께 걸렸고, 치질도 왔어요. 그런데도 돌이켜보면 그런 경험을 한 것이 참 감사합니다. 전방에서 군 생활을 하면서 군인정신으로 무장됐던 것 같아요.

당시 저는 대대 군종병이었는데 저희 대대에는 군종 목사님이 한 달에 두 번밖에 안 오셨기 때문에 제가 새벽예배와 주일예배, 수요예배와 군종 모임까지 완전히 목회자처럼 인도했습니다. 그런데 문제는 구내식당으로 쓰던 저희 예배당이 너무 공간도 작고 추워서 530여 명 대대 병력 중 40명 이상이 못 들어갔어요. 게다가 찬 돌바닥이라 그 인원 중 겨울에는 믿음 없는 병사들은 잘 오지도 않았습니다.

이런 상황이 너무 안타까웠어요. 그렇게 첫 겨울을 지내고 나는 주님께 간절히 기도하기 시작했습니다. '주님, 예수 믿는 병사들이 다 함께 예배드릴 수 있는 넓은 예배당을 주세요. 초신자들이 추운 날에도 가톨릭이나 불교로 가지 않고 교회에 올 수 있도록 넓은 예배당을 주세요.'

그리고 군종계통으로 교회 건물을 증축하려고 보고를 올렸는데 거절당했습니다. 당시 대대장님이 기독교인이셨는데 제가 모금을 해서 교회를 지을테니 지휘권만 막아달라고 부탁드렸는데 허락해 주셨습니다."

- 군인정신이 있다고는 하지만, 난관이 많았을 것 같습니다.

"교회건축 허락을 받은 기쁨도 잠시, 저는 평생 한 번도 해보지 않은 모금 운동과 교회건축 총감독을 맡아야 했습니다. 수천만 원의 건축비는 사병입장에서 꿈꿀 수도 없는 큰돈이었어요. 먼저 건축 견적을 내기 위해 기독교인 공병대 소령님을 찾아갔습니다. 우리 사정을 말씀드리고 교회건축 설계를 부탁했어요. 그리고 중대 군종과 소대 군종 등 총 21명을 소집해 교회건축을 위해서 주일 하루 금식기도를 시작했습니다. 이 사실이 당직 장교에게 알려지자 불호령이 떨어졌습니다. '대대 군종, 너 이 자식 미쳤어? 정신 차려! 최전방 군인들을 금식시킨다는 게 말이 되냐? 사병들에게 밥을 먹여야 힘을 내서 나라를 지킬 것 아냐!' 욕설이 쏟아졌습니다. 하지만 금식기도 없이 이렇게 중요한 일을 감당할 수는 없었습니다.

모금을 위한 말년 휴가를 앞두고 날마다 저녁 시간에 군인교회 예배당에서 방석을 깔고 주님께 간절히 기도했습니다. 매일 1시간 이상씩 40일 작정기도를 드렸어요. 그해 6월 2주간의 말년 휴가를 나와 여러 교회를 찾아가 전방부대의 상황을 말씀드리며 교회건축의 필요성을 호소했습니다. 감사하게도 몇몇 교회에서 구체적인 도움을 주기로 하셨

이용희 교수

습니다.

나중에 상급부대에서 민간교회 지원은 받을 수 없다는 방침이 내려와 안타깝게도 교회들 쪽에서는 강대상, 장의자 등 비품 지원만 받고 건축헌금은 가족과 친척들이 준 돈으로 150명이 들어가는 교회 건물을 결국 증축하게 됐습니다. 이후에도 건축이 완료될 때까지 제대 말년에 기도하면서 잠들었습니다. 건축자재가 안 오면 3일 금식하고 그랬습니다. 그래서 그때 '교회는 돈으로 짓는게 아니라 기도로 짓는거구나'라는 믿음이 생기더라구요."

- 대학 졸업 후 영국은행에서 첫 직장생활을 하셨었는데요.

"당시 구직에 앞서 주님께 이런 기도를 드렸습니다. '첫째, 주일성수할 수 있는 직장을 주십시오. 둘째, 8월 말까지 이화여대 다락방 모임에서 말씀 전하는 직분을 감당할 수 있는 직장을 주십시오. 셋째, 전공과 영어 능력이 향상될 수 있는 직장을 주십시오. 넷째, 월급이 50만 원 이상 되는 직장을 주십시오.' 월급을 특별히 명시한 것은 집안을 책임져야 하는 상황이었기 때문입니다.

처음 원서를 낸 곳은 삼성전자였어요. 서류전형을 통과하고 면접에 들어갔습니다. 임원들이 내 서류를 훑어보더니 이런 질문을 던졌습니다. '기독교 활동을 많이 했던데 우리 회사에 온 뒤 만약 일요일에도 근무하라고 하면 어떻게 하겠습니까?' '네, 새벽예배를 드리고 와서 근무하겠습니다.' 그러자 송곳 같은 질문이 이어졌습니다. '매주 일요일 근무하라고 하면 어찌하겠습니까?' '그러면 삼성전자에서 근무하는 것은 어렵습니다.' 잠시 침묵이 흘렀습니다. 옆에 있던 임원이 민망했던지 '뭘 이런 걸 가지고 꼬치꼬치 따지나? 다른 질문으로 넘어가자'라고 말하더군요.

면접장을 나오면서 씁쓸한 마음이 들었습니다. 며칠 후 결과가 나왔는데, 저는 불합격일 줄 알았는데 합격이었습니다. 그러나 제 마음은 이미 정해져 있었어요. 당시 대기업들이 그랬던 것처럼 삼성전자도 주일날 근무하는 경우가 많았거든요. 거룩한 주일을 지키지 못하는 직장은 제외 대상 1순위였습니다.

두 번째로 원서를 낸 곳은 유한킴벌리였습니다. 기업이념이 마음에 들어 지원했는데 면접 때 회사 상황을 보니 내가 기도했던 4가지 기도 제목을 충족시킬 수 있는 곳이 아니어서 이곳도 입사를 포기했습니다. 그러자 주변에서 말이 나오기 시작했습니다. '용희가 아직도 세상 물정을 몰라서 저 모양이야.' '자기 입맛에 딱 맞는 직장이 세상에 어디 있냐? 너 철들려면 한참 멀었다.' 그러나 계속 기도하면서 주님께서 예비하신 직장을 기다렸습니다.

세 번째로 원서를 낸 곳은 우연히 영자신문을 보다가 광고를 보고 지원한 외국계 은행이었는데, 1명을 뽑는데 140명이 지원했습니다. 지원자 중에는 미국 MBA 학위를 받은 사람들도 있었고 공인회계사도 있었습니다. 나는 당시 영어에 능통하지 않고, 유학도 다녀오지 않았고, 공인회계사 같은 자격증도 없었는데 주님 은혜로 최종 면접까지 갔어요.

이용희 교수

1997년 5월 이화여대 다락방전도협회 총무 시절의 이용희 교수(맨 왼쪽)가 당시 간사진들과 기념촬영을 하고 있다.

영어면접을 앞두고 주님께 간절히 기도드렸습니다. '주님, 예상 질문을 알려주세요.' 그리고 예상 질문 몇 개와 답변을 영어로 달달 외웠습니다. 놀랍게도 면접관들은 최종 면접 때 정확히 내가 외운 질문을 던졌습니다. 전율이 느껴졌어요. 자신 있게 답했고 합격했습니다. 그곳은 제가 기도한 4가지 기도 제목에 딱 맞는 곳이었습니다.

외국계 은행에서 근무하면서 많은 것을 배웠습니다. 전공과 영어 외에도 인간관계와 사회생활의 중요성을 배웠고, 치열한 경쟁이 벌어지는 약육강식의 시스템 속에서 성도들이 더욱 뱀처럼 지혜롭고 비둘기같이 순결해야 한다는 성경 말씀을 실감한 시기였습니다. 하나님께서 직장생활을 통해 많이 훈련시키셨고 무역실무와 금융업무 등에 대해서도 많이 알려주신 시기였습니다.

특별히 더 감사했던 것은 은행에 다니면서도 여름과 겨울 두 차례 농촌 전도를 다닐 수 있었다는 것입니다. 당시 제 동기들은 1년에 3일 정도의 여름휴가를 쓸 수 있었는데, 저는 휴가로 10일을 쓸 수 있었어요. 그래서 5일씩 여름과 겨울 농촌 전도를 다녀왔습니다.

취업한 해에 대학 청년부를 인솔해서 전도를 가야 하는 상황이었는데, 원래 취업 후 1년이 지나야 휴가가 가능했는데 그냥 휴가를 올려놓고 금식기도를 했어요. 그랬더니 깐깐한 상사가 바로 사인을 했습니다. 그리고 휴가도 못 나눠쓰게 돼 있었는데 여름·겨울로 일주일씩 쪼개서 올린 것이 회사 규정에도 안 맞는데 결재를 해주더라구요. '하나님 좋아하는 건(전도) 다 해주시는구나'라는 생각이 들었습니다.(웃음)"

- 유학 후 돌아오셔서 평신도로 이대 다락방 총무도 맡게 되셨습니다.

"이대 다락방을 통해 은혜를 참 많이 받았는데 유학을 다녀와 보니 당시 대학생 모임이 너무 가라앉아 있었습니다. 보통은 목사님들이 총무를 하셨는데, 당시 평신도인데 저를 추천하셔서 제가 그곳에서 받은 은혜에 빚 갚는 마음으로 자비량으로 섬기게 됐어요.

당시 대학생들의 떨어진 신앙과 줄어든 모임 수를 늘리고 영적으로 회복시키는 일에 힘을 쏟았습니다. 함께 철야 기도도 하고 금식기도도 하고, 강사님들을 모셔서 은혜도 받게 하고, 전도 수련회도 하고 하니까 모임이 서서히 살아나서 나중에는 전도팀만 20개가 만들어져 나가게 하시더라구요. 무엇보다 당시 하나님이 은혜를 주시고 기름 부어주셔서 너무 감사했습니다."

- 북한 동포들에 대한 마음은 언제부터 있으셨나요.

"1996년 7월 29일 이대 다락방 월요기도모임이 있었던 밤에 저는 '하나님, 북한 동포를 향한 예수님의 마음을 저에게 부어주십시오'라고 간절히 기도드렸습니다. 그때부터 밤이나 낮이나 북한 동포들의 고통이 느껴지기 시작하는데 견딜 수가 없었어요. 한번은 점심시간 직원식당에서 음식을 앞에 놓고 식사기도를 할 때 북한 동포들이 굶어서 쓰러지고 고통스러워하는 모습들이 떠오르면서 눈물이 쏟아지기 시작했습니다. 옆에서 식사하는 동료들이 민망했는지 조용히 자리를 떠났어요. 북한 동포들을 생각하면 가슴이 미어지듯 아팠습니다. 자다가도 깨어나 북한 동포 생각에 더이상 잠을 이루지 못하고 오열하며 주님께 기도했습니다. 그렇게 여러 날 북한 동포들을 위해 울었어요."

- 에스더기도운동 사역에 대한 하나님의 마음과 계획을 무엇이라 생각하시나요.

"어떤 교회에서 저에게 아프리카와 캄보디아, 북한 중 어디 선교를 후원하면 좋겠냐고 자문을 구하더라구요. 그래서 제가 그랬습니다. 만약 자신의 가족과 부모님이 예수님을 안 믿으면 누구를 먼저 전도 하냐구요. 북한선교는 우리에게는 선택이 아니라 필수이고 가장 우선순위입니다. 하나님은 북한 땅을 보면서 오늘도 피눈물을 흘리십니다. 북한 동포들은 이 땅에서 노예처럼 살다가 죽어서도 진짜 지옥에 가는데 한국교회가 왜 이렇게 무덤덤할까요. 저는 이 부분에 있어 더 외치고 마음을 찢고 함께 기도해야 한다고 생각해요.

어떤 청년들이 주님 사랑한다고 하면서 눈물을 흘리고 찬양하면서 부흥을 달라고 기도하더라구요. 그래서 제가 그랬습니다. '너희들 부흥 달라고 기도 안 해도 돼. 북한 동포 살려달라고 기도하면 부흥이 오는 거야. 주님 사랑한다고 하면서 주님 사랑하는 것을 구해야지.'

제가 5남매 중 막내인데 어머니가 저를 많이 사랑하셨어요. 제가 어려운 일 있을 때 어머니가 울면서 금식기도 해 주셨어요. 사랑은 바로 그런 것입니다. 사랑하는 사람을 위해 나도 같이 우는 게 사랑입니다. 주님이 정말 견딜 수 없어 하는 북한 동포들에 대해 애끓는 마음이 있습니까. 자꾸 엉뚱한 것을 구하지 말고 북한에 대해 구하자는 말입니다. 한국교회가 이 일에 나서지 않으면 대체 누가 나서겠습니까. 우리가 북한을 위해 나서지 않으면 누가요. 저는 그게 저의 부르심이자 사명이라고 생각합니다.

물론 에스더기도운동이 앞으로 많은 것을 위해 기도해야 하지만, 북한의 우리 동족을 위해서 기도하는 것이 그중에서도 가장 중요합니다. 북한에서는 교회도 못 가고요, 옛날 미국의 흑인 노예들보다 더 불쌍합니다. 흑인 노예들은 적어도 예수 믿을 기회는 있었거든요. 우리 동포들은 신앙의 자유도 없고 예수 믿는 게 발각되면 바로 감옥에 갑니다."

이용희 교수

이용희 교수에게 배우는
홀리 인사이트(Holy Insight)

1. **기도의 목적을 분명히 하고, 꾸준한 훈련으로 '기도의 근력'을 키워라!**

- 이 교수는 처음에는 전도를 위해 기도했고, 군대에서 교회건축을 위해 40일간 1시간씩 기도하는 훈련을 하면서 차츰 기도시간을 늘려갔다. 이후 북한 동포들의 구원을 위해 기도회를 지속적으로 진행하며 금식기도·철야 기도를 훈련해 나갔다.

2. **청년의 시기에 분명한 헌신과 결단의 기도를 드려라. 수련회·집회 등을 활용하라!**

- 이 교수는 1978년 8월 '농촌 초신자 수련회'때 하나님을 인격적으로 만났고, 저녁 집회가 끝난 후 채플실에 혼자 남아 밤새도록 헌신과 결단의 기도를 간절히 드린 후 한없는 영혼의 기쁨과 감사로 충만함을 경험했다. 그리고 그 후 그의 인생은 180도 변했다.

3. **하나님과 영혼을 잘 섬기기에 필요한 환경·조건들은 주님께 담대하게 구하라!**

- 이 교수는 직장 취업을 준비할 때 주일성수 등 구체적인 4가지 기도 제목을 놓고 기도한 후 딱 맞는 직장에 들어가게 됐고, 직장에서 전도·수련회 참석을 위해 기도했을 때 기적적으로 휴가를 모두 사용할 수 있게 됐다. 군 복무 시절에도 담대한 기도로 결국 교회건축을 이뤄냈다.

- 1981년 출생
- 미션스쿨 브니엘고등학교에서 예수님 영접 후 25년간 2500명 이상 전도
- 2002년~2009년 부산 수영로교회 대학부 대표간사·전도국장·새가족국장
- 2005년부터 매년 여름 해외 단기선교 참가(이스라엘·팔레스타인·일본·중국·인도네시아·터키·아프리카·프랑스·몽골·태국·캄보디아·미국 등)
- 2005년~2009년 군선교 팀장(부산 53사단 신병교육대)
- 2008년~2020년 2월 브니엘 고등학교·예술고등학교 수학 부장교사
- 우리나라 2000여 교회 이상 전도간증집회 및 전도세미나 강의
- 해외 한인교회 및 현지교회 초청 전도 세미나·특강·간증집회 10여 회 이상(미국·일본·중국·프랑스·아프리카·인도네시아·터키·태국 등)
- 수영로교회 주일학교 고등부 교사 20년·젊은부부학교 간사 2년
- 2020년 3월~현재 다니엘리더스스쿨 교감(수학 담당)
- 2020년 3월~현재 유튜브채널 '행복한 전도의삶 TV' 운영(구독자 2만2300명)

방송출연
- CBS <새롭게 하소서> 2회
- CTS <청년 독수리> 2회, <내가 매일 기쁘게> 2회
- CGN <빛과 소금>, <이홍렬의 펀펀한 북카페>, <나침반>
- C채널 <내모습 이대로>
- GOOD TV <멘토 특강, 희망드림>
- 극동방송 <열혈청년전도왕의 전도 팁팁팁>, <꿈꾸는 라디오 꿈꾸는 사람들>

저서
- 열혈청년 전도왕-전도편(2010)
- 열혈청년 전도왕2-양육편(2013)
- 열혈교사 전도왕(2018)

하나님이 쓰신 사람 / 전도 분야

최병호 교사

삶의 목적이 영혼구원인
'열혈청년 전도왕'

"전도는 제 삶의 존재 이유이고, 삶의 목적이고, 살아 숨 쉬는 이유입니다. 저는 복음 전하는 삶이 가장 행복한 삶임을 일찍 깨달았고, 이젠 이 큰 행복을 맘껏 누리고 유지하기 위해서 전도합니다. 전도 대상자를 A·B·C 세 단계로 나눠서 지혜롭게 전도하며 그들을 위해 늘 기도해요. 전도는 상대의 필요를 채워주고, 구멍을 메꿔주는 것입니다."

'열혈청년 전도왕' 다운 답변이었다. 지난 2022년 9월 광화문에서 만난 최병호 교사(다니엘리더스스쿨 교감)는 전도 잘하는 비결을 묻는 기자의 질문에 '삶의 목적'으로 답했다. 2010년 '열혈청년 전도왕'이란 책을 통해 전도에 올인하는 행복한 일상을 가감 없이 나눴던 그는 이제 40대 초반의 결혼한 두 아이의 아빠가 됐지만, 여전히 구령의 열정이 가득한 청년의 얼굴을 하고 있었다.

"독실한 불교 집안에서 태어났어요. 아버지는 아들 잘 낳게 해준다는 절을 찾아 일본까지 찾아가서 불공을 드릴 정도로 믿음 좋은 불교 신자셨습니다. 그렇게 공들여 낳은 아들인 저는 아버지의 뜻대로 성장했습니다. 범어사에서 세운 불교 중학교에 입학해 불교학생회장까지 맡아서 불교 행사를 주관하기도 했습니다. 불교계에서 주는 장학금도 받았어요."

그랬던 그는 기독교 고등학교에 진학하게 되면서 하나님의 놀라운 인도하심을 받게 된다. 단순히 '교복이 멋있다'는 말에 끌려 자원해서 가게 된 브니엘 고등학교에서 인생 최고의 은인이자 은사인 '초코파이 아줌마'를 만나게 된 것.

"당시 고등학교 1학년 종교 시간을 맡으신 '초코파이 아줌마'로 불리시는 이정화 전도사님이 계셨어요. 대답을 잘하면 초코파이를 주셨거든요. 저는 전도사님의 말씀에 항상 안티를 걸며 전하는 성경 말씀을 반박하기 위해 꼼꼼히 메모하는 열심도 보였습니다. 신기한 것은 제가 예의 없이 건방진 말투로 질문을 해도 전도사님은 단 한 번도 화를 내지 않더라구요. 그때마다 '이분은 도대체 뭘 믿고 이렇게 항상 당당하고 여유로우신 걸까'라는 생각을 했어요."

그러던 1997년 4월 어느 날, 수업 후 10여 분간 이정화 전도사님이 천국과 지옥에 대해 전하자 학생 최병호는 정신이 번쩍 뜨였다. 지옥이 그의 눈앞에서 느껴지며 두렵고 떨리는 마음이 들었다. 쉬는 시간에 이 전도사가 있는 교목실로 달려간 그는 그렇게 예수님을 영접하게 됐다.

"선생님이 된 건 옛날의 저처럼 예수님을 안 믿는 사람들에게 학생 시절 때 복음을 전해서 믿게 해야겠다는 생각이 들어서였어요. 제가 잘하는 수학을 전공으로 가르치면서 좋아하는 체육은 취미활동으로 학생들과 함께 하며 전도하기 위해서 이 직업을 선택했습니다."

교사가 된 후 미션스쿨인 부산의 브니엘 고등학교에서 13년간 근무하며 열심히 사랑으로 학생들에게 복음을 전해 온 최 교사는 지난 2020년부터 청소년들을 진실한 신앙과 따뜻한 마음, 탁월한 실력을 겸비한 '21세기 다니엘'과 같은 인재들로 양성하는 기독교 대안학교인 '다니엘리더스스쿨'의 수학 교사와 교감으로 자리를 옮겨 여전히 학생들을 향한 사랑과 복음전도에 힘쓰고 있다.

직업 선택을 포함해 삶의 모든 부분이 영혼구원을 위해 집중된 이 남자도 대면 만남이 어려워진 코로나 시기에 전도의 어려움은 없었을까.

"저를 위해 기도해 주시는 다니엘리더스스쿨 교장 김동환 목사님께서 코로나 시기에 예전처럼 대면해서 복음 전하기가 어려울 것 같으니 유튜브를 만들라고 하셨습니다. 말씀에 순종해 유튜브 채널 '행복한 전도의삶 tv'를 만들게 됐어요. 그랬더니 채널을 보고 이메일 수천 통이 왔어요. '부모님이 스님이다. 형제들도 스님이다. 예수님 믿어야 하는데 도와달라' 이런 요청들이 와서 전화번호를 받아서 전화로 복음을 전하고, 제가 집회를 다녔던 전국 2000여 교회 중 근처 교회를 소개해 줬습니다. 자살하려는 청소년에게 전화로 복음을 전해 청년부에 연결해 주기도 했어요. 유튜브를 통해 '찾아오는 전도'가 됐습니다."

벌써 15년째 교편을 잡고 있는 그에게 동역자가 되어 같이 전도하고

기자와 인터뷰 한 '열혈청년 전도왕' 최병호 교사는 "하나님은 나보다 나의 길을 더 잘 아시는 너무나 고맙고 좋으신 분"이라며 환하게 웃었다.

있는 제자들도 많이 생겼다고 한다. 이들이 본격적으로 사회에 진출해 자신보다 더 복음에 미쳐서 자신의 분야에서 전도왕이 될 것을 그는 간절히 기대한다. 그의 인생에 남은 또 다른 꿈은 무엇일까.

"코로나가 완전 종식되어 매일 저녁 사랑하는 제자들, 친구들, 이웃들을 집에 초청해 저녁 식사를 대접하고, 그분들에게 복음을, 예수님을 전하고 싶어요. 그리고 유튜브 '행복한 전도의삶tv' 구독자분들을 모시고 가족 캠프를 열고 싶습니다.

코로나 전에 DFC(다니엘 페밀리 캠프)에서 강의를 할 때 찬양과 말씀과 기도를 통해 성령님의 임재가 임하고 변화 받는 수많은 사람을 봤어요. 그 캠프처럼 행복한 전도의삶tv 구독자분들과 함께하는 성령집회를 열어 찬양과 말씀과 뜨거운 기도를 통해 성령세례가 임하는 시간을 가져보고 싶습니다."

역시 '전도왕' 다운 대답이다. 그토록 사랑하는 하나님을 위해 복음에 헌신된 삶을 드리고 있는 그에게 마지막으로 하나님이 어떤 분이신지를 물었다. 환한 미소로 세상에서 가장 행복한 표정으로 그는 말했다.

"나보다 나의 길을 더 잘 아시고, 늘 가장 최고의 것들을 '짠'하고 주시는 너무나 고마우시고 좋으신 하나님이십니다."

‐ 원래 불교 집안에서 태어났다고 들었습니다.

"그냥 불교 집안이 아니라 '독실한' 불교 집안에서 태어났어요. 위로 누나 둘이 있는데 어머니는 대구 팔공산 절에 가서 꼭 아들을 낳게 해달라고 해달라고 하셨습니다. 아버지는 아들 잘 낳게 해준다는 절을 찾아 일본까지 찾아가서 불공을 드릴 정도로 믿음 좋은 불교 신자셨습니다. 자연스럽게 불교 유치원과 불교 초등학교 시절을 보내고 불교 중학교에 입학하게 됐습니다. 우리나라 4대 절 중 하나인 부산 범어사가 세운 학교였어요. 이 불교 중학교에서 불교학생회장까지 맡아서 불교 행사를 주관하기도 했습니다. 불교계에서 주는 장학금도 받았구요.

불교 중학교였기 때문에 일주일에 한 시간씩 종교 시간이 있었는데, 그때마다 제가 대표로 목탁을 치며 불경을 외우면 전교생들은 저를 따라 읊곤 했습니다. 당시 학교에는 교회를 다니는 학생들도 있었는데 불교를 믿지 않고 예수님을 믿는다는 이유로 제가 그 학생들을 심하게 괴

최병호 교사

롭히기도 했어요."

- 그랬던 최병호 학생이 기독교 고등학교에 진학하게 된 거군요.

"단순히 '교복이 멋있다'는 말에 끌려 자원해서 가게 됐습니다. 종교
심이 강한 아버지의 반대가 특히 심하셨지만, 저는 '양손에 커다란 염
주를 차고 다니겠다. 기독교 학교에서 오히려 불교를 전파하겠다'는 말
로 아버지를 설득했습니다. 그렇게 염주를 차고 당당히 브니엘 고등학
교에 입학했습니다.

기독교 학교인지라 모든 선생님이 교회에 다녔고, 아침 8시 50분에서
57분까지 기독교 학생 중창단이 찬양을 불렀으며 목사님이 짤막하게
말씀을 전했습니다. 그 당시 염주 차고 다니는 저에게 찬양은 그저 듣
기 싫은 노래일 뿐이었고, 말씀은 웃기고 적절한 허구성이 있는 이야기
로만 들렸어요. 학교를 다니면서 교회에 다니는 친구들을 조롱하고, 예
수님을 믿자고 전도하는 아이들을 괴롭혔습니다. 기독교 학교에서 독
종 이단아처럼 행동하며 다녔죠.

하지만 매일 아침 방송 설교를 안 들으려고 해도 열심히 들을 수밖에
없었어요. 담임선생님이 아침 방송 예배 시간이 되면 교실에 들어와 정
숙히 예배를 드릴 수 있도록 지도하기 때문이었습니다. '믿음은 들음에
서 나며 들음은 그리스도의 말씀으로 말미암았느니라'(롬 10:17)는 말
씀처럼, 저는 방송에 설교를 통해 기독교에 대한 개념이 생기고 예수님
에 대해 조금씩 알게 되었던 것 같아요."

- 종교 시간에도 복음을 들을 수밖에 없었나요.

"하루 중 오전 2, 3교시가 가장 집중이 잘 되는 시간인데 바로 그때 종교 시간이 잡혀 있었어요. 어느 날 화교일 2교시 종교 시간에 어떤 여자 전도사님이 들어오셨는데 아이들은 그분을 '초코파이 아줌마'라고 불렀습니다. 종교 시간에 대답을 잘하면 초코파이를 주셨거든요. 다른 시간에는 눈이 초롱초롱하던 아이들이 그 시간만 되면 다들 지루해 했어요. 엎드려 자거나 뒷자리로 가서 다른 공부를 하거나 심지어 대놓고 떠드는 아이들도 있었습니다.

저도 처음에는 맨 뒷자리에 가서 수학 문제를 풀거나 엎드려 있었습니다. 그런데 시간이 지날수록 전도사님의 말씀을 귀 기울여 듣는 아이들이 하나둘 생기기 시작했어요. 엎드려 있던 아이들은 자세를 바로잡고 집중하기 시작했고 떠들던 아이들도 전도사님의 말씀을 들으며 조용해졌습니다. 저는 끝까지 전도사님의 말씀을 안 듣고 싶었는데 반 분위기가 다들 집중하는 시간으로 바뀌게 되니 어쩔 수 없었어요. 전도사님은 부드러운 목소리로 학생들을 집중시키며 이야기를 잘 이끌어 나가셨습니다. 저는 그것이 참으로 신기했어요. 그런데 수업을 잘 들어보니 '날 열 받게 만드는 이야기를 계속하네'라는 생각이 들었습니다."

- 전도사님은 당시 어떤 이야기를 하셨나요.

"이 세상은 하나님이 말씀으로 창조하셨고, 해와 달과 별, 하늘과 바다 그리고 이 땅에 살아 있는 모든 동식물이 하나님의 말씀으로 창조된 것이라고 하셨어요. 저는 당시 속으로 '순 거짓말 하고 있네. 도대체 언제까지 저런 허무맹랑한 이야기를 진지하게 계속할까' 하는 생각을 하며 반감이 커졌습니다.

그러다가 저는 드디어 폭발하고 말았습니다. 종교 시간 바로 직전, 가운데 맨 앞자리에 앉아 있는 친구에게 다가가서 종교 시간에만 자리를 바꿔 달라고 말했어요. 강한 눈빛으로 말하니까 그 친구가 아무 소리도 안 하고 자리를 바꿔줘서 종교 시간마다 거기 앉았습니다. 그때부터 가만히 전도사님의 말씀을 듣고 있다가 마음에 걸리는 부분이 있으면 여지없이 손을 번쩍 들고 일어나 반박하기 시작했습니다.

'저기요, 천국 지옥 같은 소리는 유치원생이나 초등학생이라면 믿을까, 지금 고등학생인 저희한테 그런 얘기 안 통합니다. 그러면 천국 지옥이 있다면 제 눈으로 볼 수 있게 해주세요. 그러면 제가 믿을게요.' 또 우리나라에 기독교가 들어온 지 100년 지났다고 하는 선생님의 말씀에는 이렇게 쏘아붙였어요. '저기요, 그러면 우리나라를 구한 이순신 장군이랑 가장 존경받는 세종대왕은 다 지옥 갔겠네요?'

저는 계속 선생님의 말에 토를 달고 수업의 흐름을 끊어 놓았습니다. 나중에는 반박하는 것이 저의 사명이라고 여길 정도였습니다. 그래서 반박하기 위해 그분이 말씀하시는 것을 한마디도 놓치지 않고 더 집중해서 들었어요. 전도사님이 전하는 성경 말씀을 반박하기 위해 꼼꼼히 메모하는 열심도 보였습니다.

교회에서 전도 간증 중인 최병호 교사.

신기한 것은 제가 예의 없이 건방진 말투로 질문을 해도 전도사님은 단 한 번도 화를 안 내셨다는 거에요. 제가 수업을 거부하고 반박하고 대들어도 화를 내시기는커녕 온화한 미소를 띠면서 저의 질문에 친절히 대답해 주셨습니다. 그때마다 '이분은 도대체 뭘 믿고 이렇게 항상 당당하고 자신감 넘치고 여유로우신 걸까'라는 생각이 들곤 했어요."

－ 그러다가 결국은 복음을 받아들이게 되신 건가요.

"1997년 4월 22일 2교시 수업이 마칠 때쯤 전도사님이 갑자기 '여러분, 죽음이란 무엇일까요'라고 물으셨어요. 이렇게 질문을 던지면 제가 대표로 일어나 발표하는 것이 당연시됐기 때문에 저는 손을 번쩍 들고 일어나서 '죽음이란 유에서 무로 가는 것입니다'라고 대답했어요. 반 아이들은 저의 답변에 박수를 쳤습니다. 그랬더니 전도사님이 '멋진 답변입니다. 발표 잘했으니 초코파이 하나 줄게요. 자, 그럼 한 명만 더 발표해 봅시다'라고 하셨어요.

그때 아버지가 목사님인 한 친구가 손을 들고 '죽음이란 영혼과 육체가 분리되는 것입니다'라고 말했어요. 아이들은 그 친구의 말에는 반응이 없었습니다. 하지만 전도사님은 그 친구의 대답에 박수를 보내며 칭찬을 하셨습니다. '참 잘했어요. 정답이에요. 정답을 맞췄으니 초코파이 줄게요.' 저는 마음속으로 비아냥거렸어요. '참나, 나한테는 그냥 잘했다 하면서 왜 저 애 보고는 잘했다고 정답이라고 하지? 쳇!' 잠시 후 전도사님은 죽음에 대해 설명하기 시작했습니다. 저는 오기로 그분의 말에 더 귀를 기울였어요.

10분간 전도사님이 천국과 지옥에 대해 말씀해 주셨는데, 그 순간 정신이 번쩍 뜨였습니다. 지옥이 바로 제 눈앞에서 느껴지는 거에요. 너무 무섭고 두렵고 떨렸습니다. 그래서 쉬는 시간에 전도사님이 계신 교목실로 달려갔습니다. 그렇게 예수님을 영접하게 되었어요. 손에 차고 있던 염주를 빼버렸고, 십자가를 지신 예수님이 감사했고, 예수님을 소개해 준 전도사님이 고마웠고, 이런 환경을 만들어 준 브니엘고등학교에 감사했습니다. 말씀으로 변화되고 보니, 모든 것이 은혜였습니다. 하나님이 저에게 이렇게 말씀하셨어요. '병호야 너는 가짜였지만 나를 만났기 때문에 진짜 복된 인생이다'라구요."

- 수학 교사인데, 수학은 어렸을 때부터 좋아하셨나요. 교사가 되신 이유는 뭔가요.

"초등학교 3학년 때 반장선거 후보 15명에 저도 나갔는데, 선생님이 제 이름을 지우시는 거에요. 제가 공부가 꼴찌였거든요. 자존심이 좀 상했습니다. 그래서 공부를 열심히 해봤는데 6개월 뒤에 수학경시대회에서 전교 1등을 했습니다. 부산 금정구 전체에서도 1등을 해서 상을 받았습니다. 이후 고등학교 3학년 때까지 수학은 다 100점을 맞았습니다. 수학과 체육은 저에게 자신감을 심어 준 과목입니다.

선생님이 된 건 저처럼 예수 안 믿는 사람들에게 청년 때 복음을 전해서 믿게 해야겠다는 생각이 들어서였어요. 수학을 전공으로 가르치면서 체육은 취미활동으로 하자는 생각으로 선생님이 됐습니다. 전도하기 위해서 이 직업을 선택했습니다."

- '전도왕'으로 불리십니다. 전도를 잘하는 비결은 무엇입니까.

"전도는 제 삶의 존재 이유이고, 삶의 목적이고, 살아 숨 쉬는 이유입니다. 저는 복음 전하는 삶이 가장 행복한 삶임을 일찍 깨달았고, 이젠 이 큰 행복을 맘껏 누리고 유지하기 위해서 전도합니다. 그리고 저는 전도 대상자를 A · B · C 세 단계로 나눠서 지혜롭게 전도하며 전도 대상자들을 위해 늘 기도합니다. 전도는 상대의 필요를 채워주고, 구명

최병호 교사

을 메꿔주는 것이에요.

먼저 A단계에 속한 사람들은 교회에 대해 거부감도 없고 어느 정도 마음의 문이 열린 사람들을 말합니다. 그래서 교회 이야기를 하면 귀담아 들어주고 '시간 나면 한번 너 따라 교회 가볼게'라고 말하는 친구입니다. 우리는 모두 시간·물질·공간의 제약이 있어요. 그래서 조금 더 효율적으로 전도하려면 바로 이런 A단계에 속한 사람을 집중공략해야 합니다. 시간이 나면 전화 걸고, 한 번 더 만나서 맛있는 밥을 먹으며 챙기는 사람들은 바로 이 A단계에 속한 사람들입니다.

B, C단계에 속한 사람들은 시간이 걸리는 사람들입니다. 그들에게는 기다림이 필요하고 그들을 위해 더 많은 기도의 분량을 쌓아야 합니다. B단계에 속한 사람들은 교회에 대해 그리 부정적이지도 않고, 그렇다고 긍정적이지도 않은 사람들을 말합니다. 대부분의 사람들이 여기에 속한다고 보면 됩니다. 저의 경우 지금 관계를 맺고 있는 70~80%의 사람들이 여기에 속합니다. 저는 이 B단계에 속한 사람들을 위해 기도하고 꾸준히 친절을 베풀며 잘해 줍니다. 그래서 B단계의 사람들이 A단계로 오를 수 있도록 이끕니다. 업그레이드라고 표현하는데, B단계에 속한 사람들은 언젠가는 A단계로 올라갈 사람들이기 때문에 최선을 다합니다.

또한 B단계 사람들은 교회 특별전도 기간에 부르면 올 가능성이 큽니다. 그래서 특별전도 기간을 놓치지 말고 이 단계에 속한 사람들을 교회 행사에 초대하는 것이 중요해요. 그러면 교회 행사이기 때문에 큰 부담

갖지 않고 가벼운 마음으로 교회에 따라올 확률이 높습니다. 그러다가 교회 분위기가 좋아서 정착하게 되기도 합니다.

마지막 C단계에 속한 사람들은 교회에 반감을 갖고 있는 이들입니다. 이들은 교회 이야기만 나왔다 하면 거부감을 일으키고 민감한 반응을 보여서 전도하는 이에게 오히려 상처를 주는 분들입니다. 때로는 전도하는 사람에게 맹공격을 퍼붓는 사람도 있기 때문에 조심스럽게 다가가야 합니다. 다만 그들을 위해 꾸준히 기도하고 오히려 교회 외적인 이야기들로 관계를 유지해 나가는 것이 중요합니다.

저는 C단계에 있는 사람들을 만나면 이런저런 이야기를 하다가 한 번 툭 교회 이야기를 던져 봅니다. 여전히 교회에 대한 반감과 불만이 많고 거부감이 심하면 저는 한동안 교회 가자는 말을 꺼내지 않습니다. 그 대신 그 친구의 관심사에 대해서만 이야기를 나눕니다. C단계에 속한 사람들을 위해 꾸준히 기도하고 친절을 베풀고 좋은 관계를 유지하자, B단계로 업그레이드 됐다가 드디어 A단계로 이동하는 경우를 많이 봐 왔어요."

- 아무리 전도왕이라도 불교집안 가족들 전도는 쉽지 않았을 것 같은데요.

"큰누나 8년, 친척들 9년, 어머니 10년, 아버지는 17년이 걸렸습니다. 큰누나는 둘째 아이를 낳고 산후조리 하려고 친정집에 들어왔을 때 기회를 놓치지 않았습니다. 제가 조카 기저귀 갈아주고 심부름을 해주고, 밥상 차려주고 하면서 '참 잘했어요' 도장을 찍어 달라고 했습니다. 보

최병호 교사

최병호 교사가 운영 중인 '행복한 전도사의 삶TV 유튜브 채널.

름 동안 5개 도장을 모았습니다.

5개 도장을 모으면 누나가 제 소원을 한가지 들어주기로 했는데, 같이 교회를 가자고 했어요. 당시 큰누나랑 매형이랑 같이 교회를 갔는데, '사은품'으로 딸려온 매형이 먼저 은혜 받은 거에요. 2번 나오고 매형이 먼저 '세례를 받으려면 어떻게 해야되냐'고 물어보더라구요. 그래서 1년 이상 나오시면 된다고 말씀드렸는데 그렇게 계속 나오시게 됐습니다.

아버지께서 일을 일찍 은퇴하셔서서 대학 때 제가 과외를 많이 해서 집안 살림에 보탰습니다. 교사가 되고 나서는 십일조를 제외한 10분의 9를 어머니께 드렸습니다. '이 중에서 용돈 타 쓰겠습니다'라고 말씀드렸어요. 그랬더니 '아들아 너무 많아. 네가 관리하지 왜 나한테 주느냐. 네 마음이 참 고맙고, 진짜 네가 믿는 하나님 살아 계시는구나. 죽을 때까지 아들 따라서 교회 나갈게' 이러시면서 나오시게 됐어요.

아버님은 회사를 은퇴하시고 막일을 하고 계셨는데, 한번은 일하고 오시는 아버지한테 뛰어가서 교회 형 누나들과 밝은 모습으로 인사를 드렸어요. 나중에 아버지께서 '아들아 왜 허름한 모습이 나를 아는 척 왜 했냐' 그러시면서 아버지가 감동을 받으셨습니다. 제가 안아드렸습니다. 그때 이후로 아버지는 교회 나가는 걸 반대를 안 하셨습니다. 이후에 마음이 조금씩 열리게 되시면서 어느 날 교회 한번 들리자고 말씀드렸더니 나오셨습니다."

- 코로나로 대면예배가 금지된 적도 있습니다. 그럴 때는 어떤 방법으로 전도를 하셨나요.

"저를 위해 기도해 주시는 목사님께서 코로나 시기에 예전처럼 대면해서 복음 전하기가 어려울 것 같으니 유튜브를 만들어 보라고 하셨습니다. 목사님 말씀에 순종해서 유튜브 채널 '행복한 전도의삶 tv'를 만들게 됐어요. 그랬더니 유튜브를 보고 이메일이 엄청 왔습니다. '부모님이 스님이다. 형제들도 스님이다. 예수님 믿어야 하는데 도와달라.' '교회를 떠났는데 다시 예수님 믿어야 되겠다.' 이러한 도움을 요청하는 사람들에게는 전화로 복음을 전하고, 제가 집회를 다닌 전국 2000여 개 교회 중 근처 교회를 소개해 줬습니다. 또 자살하려고 하는 청소년에게 전화로 복음을 전해 청년부에 연결해 주기도 했습니다.

유튜브를 통해 '찾아오는 전도'가 됐어요. 제가 가르쳤던 졸업반 제자들, 학부모님들의 연락도 오고 하니까 더 효과적으로 복음을 전하게 됐습니다. 또 제가 운동을 하니까 축구 하는 영상 등을 올리고 '복음 전하

최병호 교사

실 분 데리고 오세요'라고 하니까 엄청나게 연락이 왔습니다. 정말로 유튜브가 완전 '신의 한 수'였습니다."

- 김동환 목사님이 교장으로 계시는 다니엘리더스스쿨에는 어떻게 합류하신 건가요.

"2017년 2월에 한 기독교 방송에 출연했는데, 당시 사회자 3분 중 한 명이 김동환 목사님이셨습니다. 제가 간증하는 것을 보시고는 명함을 달라고 하셨어요. 그해 여름에 DFC(다니엘 패밀리 캠프) 강사로 저를 부르셨어요. 그때 목사님께서 강사는 목사님 본인과 목사님 어머님만 하셨는데, '외부 강사는 최병호 선생님이 유일하실 것이다'라고 이야기하셨어요. 저는 많은 강사님 중 한 명인 줄 알고 갔는데, 저를 많이 아껴주셨습니다.

그리고 저에게 '다니엘리더스스쿨의 기적'이란 책을 선물로 주셨습니다. 그 책을 읽고 심장이 뛰었습니다. 책을 보는 순간, '가고 싶다. 이런 학교가 있다니…' 하는 생각이 들었습니다. 책 읽다가 가슴에 불을 질렀습니다. 이후 목사님과 4년간 계속 기도하다가 함께 합류하게 됐습니다."

- 하나님이 평생에 주신 최종적인 꿈이 있으시다면.

"하나님은 저의 꿈을 다 이루어 주셨어요. 오히려 그 이상으로 이루어 주셨습니다. 교사가 되어서 복음을 전하고 싶었는데 브니엘 고등학교에서 마음껏 복음을 전하게 해 주셨고, 전 세계와 우리나라 전역에 다니며 전도간증집회를 하며 아직 복음을 제대로 받아들이지 못한 사람들에게 복음을 전해서 예수님을 영접하게 하고 전도의 불을 일으키는 불쏘시개 역할을 하게 해 주셨습니다. 전 세계 10개국과 우리나라 2000여 교회에 가서 전도세미나 하게 해 주셨습니다.

대신 최종적인 꿈이라기보다 진짜 매일 하고 싶은 꿈이 있어요. 첫 번째는 코로나가 완전 종식되어 매일 저녁 사랑하는 제자들, 친구들, 이웃들을 집에 초청해서 저녁 식사를 대접하고, 그분들에게 복음을, 예수님을 전하고 싶어요. 두 번째는 '행복한 전도의삶tv' 구독자분들을 모시고 가족 캠프를 열고 싶습니다. 성령집회를 열어 찬양과 말씀과 뜨거운 기도를 통해 성령세례가 임하는 시간을 가져보고 싶습니다."

최병호 교사

최병호 교사에게 배우는
홀리 인사이트(Holy Insight)

1. **10대 청소년 시기에 천국·지옥의 실존을 분명히 깨닫고, 복음과 구원을 깊이 묵상해 삶의 목적을 확실하게 세워라!**

    - 독실한 불교 신자였던 최 교사는 고등학교 수업시간에 천국과 지옥을 분명하게 깨닫고 예수님이 주신 구원을 붙잡았다. 그 이후 40대가 된 지금까지 가장 가치 있는 하나님을 전하는데 모든 인생을 드렸다.

2. **직업·부가활동 등 모든 내가 하는 모든 일을 통해 복음을 전하고 영혼구원에 힘쓰라!**

    - 최 교사는 학생들에게 효과적으로 복음을 전하기 위해 교사의 길을 택했다. 또한 코로나 시대에 비대면으로 전도하기 위해 유튜브 채널을 시작했다.

3. **전도 대상자를 A·B·C 단계로 세분화해 각 단계에 맞게 전도하라!**

    - 최 교사는 전도 대상자를 A·B·C 세 단계로 나눠서 지혜롭게 전도하며 전도 대상자들을 위해 늘 기도한다. 그는 각 단계에 따라 상대방의 필요를 채워주며 차근차근 주님께로 인도한다.

Epilogue 에필로그

하나님이 쓰실 다음 사람, 이제 당신의 이야기를 써 가십시오.

책을 마무리하며 독자들에게 꼭 언급해 두고 싶은 부분은, 이 책에서 소개한 12명이 하나님이 그들의 인생의 한 생애나 사건들을 통해 강력하게 쓰신 것은 분명하지만, 그들의 미래는 누구도 장담할 수 없다는 사실입니다.

성경에도 한때 하나님이 쓰셨으나 변질된 인물들이 나오는 것처럼, 이 책의 주인공들도 이 책을 쓸 당시에는 쓰임 받고 옳은 길을 갔으나, 독자가 이 책을 읽는 시점에서 어떤 사람으로 살고 있을지는 아무도 예측할 수 없습니다. 다만 그들 모두가 끝까지 하나님의 길을 잘 가길 기도할 뿐입니다.

그렇기에 결국 이 책의 진짜 주인공은 바로 하나님뿐이시며, 독자들도 각자의 인물이 얼마나 뛰어난지가 아닌 그들을 인도하시고 그들 가운데 역사하신 하나님께만 초점을 두고 바라보기를 바랍니다. '하나님이 이 사람들을 어떻게 쓰셨는가'라는 하나님의 관점으로 이 책을 읽었다면 하나님이 각자의 독자들에게 주는 정확한 메시지를 모두 받았을 것이라고 생각합니다.

그렇다면 이제 당신의 차례입니다. 책을 통해 발견한 영적인 원리를 적용하고 실천함을 통해 모든 독자가 하나님과 함께 승리하는 삶을 살기를 응원하며, 무엇보다 그 과정에서 천하보다 귀한 자신의 영혼을 잃지 않고 천국 여정을 끝까지 잘 가기를 바랍니다. 건투를 빕니다.

이 책을 읽고 하나님을 믿고 싶어진 분들은 아래 영접기도를
소리 내어 따라 하신 뒤, 저자의 이메일(kwaksungkyu@daum.net)로
성함과 연락처 등을 보내시면 신앙생활을 도와드리겠습니다.

주 예수님.

저는 예수님을 믿고 싶습니다.

예수님! 저 대신 십자가를 지시고,

제 모든 죄를 담당해 주셔서 감사드립니다.

그 공로를 의지하여 회개하오니

저의 죄를 용서해 주소서!

또 제 마음속에 들어오셔서

저를 변화시켜 주소서.

남은 인생 오직 하나님 뜻대로만

살게 하여 주소서.

예수님의 이름으로 기도드립니다. 아멘.

하나님이
쓰신
사람

초판 1쇄 발행 2023년 2월 10일

지은이 곽성규
펴낸이 이낙진
편집 · 디자인 홍성주
펴낸곳 도서출판 소락원
주소 경기도 양평군 강상면 강남로 714-24
전화 010-2142-8776

ISBN 979-11-975284-1-5 03230

• 책값은 뒤표지에 있습니다.
• 파본은 구입하신 서점에서 교환해 드립니다.